展望

ZHAN WANG

—

坚定

U0331649

上海交通大学出版社
SHANGHAI JIAO TONG UNIVERSITY PRESS

内容提要

上半年的各种风浪挑战，对企业家们是否能够保持"坚定"是一场严格的考验。唯有坚定瞄准企业的长期目标，企业家们才能带领企业在"稳"中求进，推动"高质量发展"；"稳"不是消极保守，而是为实现长远目标做周全细致的计划。高水平的"稳"就是"进"，是"高质量发展"的前提和基础。埃森哲根植中国35年，携手中国企业，在风浪中行稳致远，助力中国企业基业长青。

本书可供企业管理人员参考、阅读。

图书在版编目（CIP）数据

坚定 / 埃森哲中国编. —— 上海：上海交通大学出版社，2022.8

ISBN 978-7-313-26960-7

I. ①坚… II. ①埃… III. ① 企业管理 IV.
① F272

中国版本图书馆CIP数据核字（2022）第111230号

坚定
JIANDING

编　　者：埃森哲中国	地　　址：上海市番禺路951号
出版发行：上海交通大学出版社	电　　话：021-64071208
邮政编码：200030	
印　　制：上海锦佳印刷有限公司	经　　销：全国新华书店
开　　本：787mm×1092mm 1/16	印　　张：6.25
字　　数：158千字	
版　　次：2022年8月第1版	印　　次：2022年8月第1次印刷
书　　号：ISBN 978-7-313-26960-7	
定　　价：50.00元	

畅享数字化"悦"读体验，即刻扫码
阅读全新《展望》

《展望》微信小程序　　　　《展望》主页

共克时艰、稳进提质

孔子曰："知者不惑，仁者不忧，勇者不惧。"

2022年第二季度以来，受新一轮疫情起伏、国际局势变化等超预期因素叠加影响，中国经济社会发展面临前所未有的压力和挑战。直面困难、共克时艰，需要社会各界坚定信心，把握大势。此时此刻，企业领导人尤其需要担当作为，洞悉变化，保持定力，直面困境，紧抓"稳字当头"的工作主线和"高质量发展"的长远目标。

企业作为市场和经济发展的主体，在非常之时顶住压力、迎难而上、做到稳中有进，实非易事。对于企业而言，"稳"是战术，其最终目标还是要推动高质量发展；"稳"不是消极保守，而是为实现长远目标做周全细致的计划。高水平的"稳"就是"进"，是高质量发展的前提和基础。那么，企业应该如何稳步推进高质量发展呢？

首先，从领域来说，企业的高质量发展不仅仅是指经济的高质量发展，还包含丰富的内涵。在当今的国际国内环境下，企业面临着多重压力，经营复杂程度、不确定性上升，同时社会各界对企业责任的期待比以往更高。埃森哲一直倡导企业应该创造360度价值，而不仅仅以绝对经济价值作为单一目标。早在十年以前，我们就开始聚焦企业数字化的相关研究和实践。而近几年，我们的研究表明，可持续发展将成为下一个数字化浪潮。对于企业的发展，这无疑是更高的要求和挑战。过去几十年，很多企业已经习惯了简单粗放的增长方式，然而，在以后很长一个时期内，"可持续的、公平的、绿色的增长"将会成为企业发展的主旋律。因此，作为"舵手"，企业的领导人必须紧握"指南针"，锚定航向，向绿色发展航进。

其次，从区域来看，企业的高质量发展必须覆盖各个区域、各个业务模块，不能只在一些业绩好、容易转型的区域和业务单元推动高质量发展，在其他业务单元还延续之前的增长方式。我们要"用发展的办法来解决发展中的问

埃森哲全球管理委员会成员
大中华区主席
朱虹

题"，企业领导人要用动态的、发展的、辩证的眼光来制定战略并加以执行。埃森哲认为，未来的现代企业架构是柔性的，固有模块结构将被打破，各种职责、角色和团队都是动态的，企业可以根据业务的需要随时灵活地组建工作小组，有目标地开展工作。与此同时，技术的发展也使得员工的工作地点、工作方式以及团队协作更为灵活。企业领导人也需要打破区域、业务单元的固有思维限制，考虑到各个板块之间相互联动、相互促进、相互影响的关系，将高质量发展当成"一盘棋"来下，把握全局。

最后，从时域来考虑，企业的高质量发展不是一时一事的要求，更不可能一蹴而就。"政贵有恒"，长远目标的实现需要坚定不移的努力，这也是埃森哲一直践行的原则。科技是强盛之基，创新是进步之魂。今年春天，我们发布了2022年《技术展望》，这是我们连续22年发布这一全球技术趋势性报告。同时，企业要实现高质量发展，需要敏锐洞察到国内外各种深刻复

杂的变化，做好充分准备迎接各种挑战，"事不避难、行不避险"，方能逆流而上。

2022年是埃森哲在中国开展业务的第35年，作为独立客观的专业咨询和服务机构，我们始终秉承根植中国的信念，凭借独特的行业经验和专业技能，为中国企业的发展提供全局性、战略性、前瞻性的思想，引领变革，创造360度卓越价值。

埃森哲将继续与那些同样高瞻远瞩、坚信坚定、真抓实干、百折不挠的中国企业一起合作互助，在风浪中行稳致远、基业长青。

技术

行业观察

数字转型伙伴说

来自深圳燃气、远景智能、江森自控、丝芙兰集团、微软中国、万豪酒店和洋河股份的企业高管围绕循环经济、能源转型、企业上"云"、企业出海以及消费升级等内容进行分享和探讨。

孙捷
远景智能副总裁、
远景碳管理业务总经理

数字赋能与生态融合非常重要。数字化手段是第一步,企业需要通过数字化基础设施和智能物联平台系统,摸清自己企业能耗与碳排情况,基于这些数字化基础设施,才能与之匹配去制定减排或者减碳路线图,实施具体举措。有了智能物联平台系统,数字化基础设施才能真正给未来的生态发展提供坚实的基础,推动相关技术生态和技术应用的发展。

黄志伟
深圳市深燃清洁能源有限公司
董事长兼总经理

深圳燃气将在"十四五"期间向清洁能源综合运营商转型。供给侧,发绿电,优化清洁能源结构;需求侧,供万能,提升综合能源利用效率。通过发展分布式、智能化可再生能源网络,实现气、电、热、冷等多能协同,助力低碳智慧城市建设。同时联合埃森哲共同编制了深圳燃气"四轮驱动"战略,即传统城燃业务、综合能源、天然气贸易和智慧服务四大业务板块,将综合能源业务作为集团公司重要支柱性产业列入"十四五"战略规划,制定了中长期发展目标。

马端宁
江森自控北亚区数字化解决方案总监

碳排放与建筑能源使用是一个杠杆。一方面,我们要尽可能通过技术手段降低能耗;另一方面,我们还要提高可再生能源的比例。当杠杆两端平衡之后,我们就达到了碳中和的目标。

江森自控一直以来致力于发展智慧建筑相关解决方案,为使用者提供更安全、更舒适并能降低能耗的建筑环境。我们目前已通过共享平台,为客户提供数字化服务,为智慧建筑赋能,而非通过硬件产品的形式,帮助客户端达到减排的目的。我们推出OpenBlue数字化建筑云平台,联通全球1700多栋建筑,利用数据互联实现优化运行管理,提高能效比,量化节能措施的效果,从而实现碳减排。

张世杰

丝芙兰中国首席信息官

疫情凸显了数字化在企业发展的重要性，而这其中最基础的就是底层的云基础构建，即如何利用云的优势，借助业务中台和数据中台更好地触达消费者，提供多样化、个性化的服务和产品，并且提升企业效率，赋能业务加速创新。上云是一个创新时代的开始，对于传统企业来说，不只是提供基础的服务，更是可以快速匹配前端业务模式、增加了业务的灵活性。

很多传统企业的高层在数字化转型时遇到的痛点就是缺乏人才、缺乏技术、缺乏路线图——"专业的事情交给专业的人来做"，丝芙兰有幸得以和埃森哲及阿里云等优质的服务商、技术厂商进行合作，一起挖掘数字化的最高价值。

郁国刚

万豪国际集团大中华区首席发展官

疫情之后，酒店消费群体发生了较为鲜明的变化：消费年轻化、消费本地化（城市度假）以及酒店自身目的地化。这就需要酒店根据中国消费者的细分市场需求，提供多样化、个性化酒店消费选择。同样，在绿色环保的理念下，集团以其2050年净零排放目标为指引，全力推进在中国市场可持续发展举措，通过建造和运营可持续的酒店、尽责采购、保护和恢复维持生命所必需的生态系统等方式，减少对环境的影响，力求为促进绿色低碳的生产生活方式做出贡献。

李浩明

**微软中国有限公司全渠道事业部、
渠道销售总监**

中国企业出海往往无法充分把握当地消费者需求以调整供需，了解当地政策法规和文化并及时监管、处理突发情况。因而微软帮助出海的企业客户通过云平台及数据分析解决供应链难题；设立分公司直达消费者、了解当地政策规范并通过微软现代化工业平台保证企业内部流转信息的安全性；以及通过微软的协作平台让分布在各地的企业员工及时地进行沟通和协作，便于管理。此外，也需要好的战略伙伴、技术平台以及技术合作伙伴，帮助企业制定正确的出海战略，比如像埃森哲这样有强大的服务能力和咨询能力的团队支持。未来，我们希望携手埃森哲持续服务于中国企业，让企业出海走得对，行得快，航行万里。

张云飞

**洋河股份电商运营中心营销管理、
新零售业务总监**

下沉市场对于传统白酒企业十分重要，其成长性已经开始凸显：消费者不但有刚性消费需求，并且日趋理性、注重品牌。因而，我们优化了高、中、低档产品线，丰富了下沉市场消费者的选择空间，并积极地打造我们的品牌影响力。

而随着下沉市场消费者的消费意识升级，我们和埃森哲积极探讨如何从战略和战术层面进行转变：了解消费者的"新理性"需求从而提供更符合他们期望的新鲜产品；依靠数字化技术增加与消费者的互动，通过直播带货、电商等其他线上场景实现"货找人"，带动下沉市场消费能力提升；并通过细分消费者进行个性化的营销服务，提升客户黏性。

提要：在消费者愈发重视品牌社会效应的今天，企业必须要"善"取、"善"用数据，以助力解决社会及环境挑战，充分提升自身的社会价值，赢得消费者的青睐。

向善之力，源于数据

文　桑杰·波德、沙拉博·库玛·辛格、卢珊

在新冠疫情的影响下，社会价值与商业价值相结合的企业发展趋势被进一步推向高潮。将社会责任纳入企业核心业务，平衡股东与员工、合作伙伴及社会的利益，也已成为企业首席执行官的首要任务之一。但由于监管障碍、企业结构僵化，大部分企业仍在努力寻找完美的平衡点，而它们大多数忽略了其中至关重要的因素——**数据**。

要想充分了解和应对各种社会问题，企业必须要掌握相关数据。然而，此类数据并非可以随取随用，其客观性和正确性也十分重要，非"善"数据会产生很大误导。

企业还必须知晓如何"善"用数据。否则，企业的商业决策或许无法带来积极的社会改变，也无法实现业务增长和利润提升。它们不但很难构建起切实可行的商业模式，也难以与政府机构、社会团体、合作伙伴等建立生态系统，以有效获得政策和监管支持，最终无法向股东、潜在投资者、客户和员工等利益相关方展示令人信服的成果。

我们认为，遵循以下五项重要原则的"数据向善"战略，可以帮助企业明确数据的"善"，使数据发挥关键赋能作用，启动并保持与企业使命相一致的业务增长和其他社会变革举措（见图一）。

图一　数据向善战略的五大原则

 强调以价值为导向的方法

 规避风险

 采用先进技术保护隐私

 严守道德底线

- 数据生命周期
- 数据汇总
- 数据信任
- 保护隐私的数据计算

- 数据要求
- 数据充分性

明确目标成果

- 开放数据
- 共享数据
- 创建数据
- 数据众包

构建生态系统

- 专项本地化
- 过往数据
- 可替代数据：音频、情感等

扩大数据容量，提升专业性和洞察力

 从最终目标着手

 提出关键问题

启动数据发掘工作

 确定核心能力：数据、技术、技能

 是否采取由内而外的方法

 是否采取由外而内的方法

 利用数据构建动态解决方案

 建立专业管理队伍

 有效地宣传影响

- 公共数据集
- 数据监管
- 国家可持续发展目标
- 影响力报告

参与政策对话

一、明确目标成果

我们认为，企业充分发挥影响力的最佳方式在于首先明确社会目标，然后以终为始，通过提出关键问题，启动数据挖掘模式，分析研究实现这一目标所需的干预措施。该方法可拓宽和深化企业对相关问题的理解，增强企业构想和制定有效干预措施的能力，其中包括开发新产品系列、组建变革联盟以及倡导政策变革、更换供应商、与新的合作伙伴建立合作关系或开拓新市场等等。

从最终目标入手，还有助于我们确定究竟需要何种数据、从何处获得这些数据以及需要在哪些方面与其他企业共享和合并数据。否则，即使部署了最新、最快的数据收集技术，企业仍将无法确定工作重点。

二、构建生态系统

案例研究

创立于2000年的阿克莎亚·帕提拉基金会（Akshaya Patra）运营着全球最大的儿童午餐项目。从最初五所公立学校的1500名学生，到目前为来自16856所学校的180多万名儿童提供免费午餐，他们计划到2025年让免费午餐惠及500万名儿童。

为实现这一愿景，埃森哲技术研究院与该基金会合作，以目标为出发点，通过反推，详细阐释了这一挑战和相关背景，并提出了以下关键问题：

- 如何改造基金会厨房，利用现有资源准备更多的餐食？

- 如何确保儿童能够获得营养餐？

- 如何更好地监控餐食生产、食品配送和供应？

- 如何与利益相关方建立信任？

随后的数据发掘过程包括收集儿童和学校领导的反馈，以及其他数据来源。例如，学校厨房工作人员是定性运营数据的重要来源。通过使用物联网传感器、区块链技术和移动设备，将人类智慧转化为机器可用的数据，增强供餐能力。基金会目前推出的试点项目显示，每间厨房每年可多准备近200万份餐食。

很少有企业能够完全依靠自身力量产生大规模的社会影响力。解决社会性难题需要一个生态系统，通常包括政府、非营利组织、创业公司，甚至是竞争对手。对于传统上更重视公司股东、董事会和投资人的企业而言，这无疑将是全新的领域。

我们认为，企业领导者需从两方面处理相关数据，不仅考虑企业自身的核心竞争力，还要考虑如何将其与更广泛的生态系统相结合，实现预期结果。当然，对企业而言，通过"由内而外"或"由外而内"的方式分享数据并非易事，这需要企业最高领导层统一意见，利用其专有数据成功推动社会变革。

案例研究

万事达卡（Mastercard）的非营利机构包容性增长中心（Center for Inclusive Growth）拥有得天独厚的消费数据资源以及数据分析能力。通过"由内而外"的方法，中心在网上发布了可公开查询的"包容性增长地图"，利用来自全美3700多万人的数据，清晰展示了全美每个城市街区蕴藏的经济机遇。[1] 这些信息可对投资者、开发商、城市规划者、经济发展公司、各级政府、官员以及各类市场参与者（如潜在的零售创业者和企业）产生影响，以此振兴社区发展。

---

1. 万事达卡：《包容性增长评分™方法论1.0版本》，https://inclusivegrowthscore.com/docs/Inclusive-Growth-Score-Methodology.pdf。

为了取得切实的效果，企业需要充分利用生态系统的力量，分析生态系统的相互依存关系，确定存在的互补性和潜在挑战。企业应思考以下问题：数据存在于何处？一线工作者面临哪些制约？如何与想要开展业务的社区建立联系？为达成目标，需与什么样的伙伴合作？政府机构在这个过程中能发挥何种作用？这些问题的答案将为企业提供采取有效行动的良机。

案例研究

如果数据不完整、不透明或者数据过时，企业就需要自建数据系统。埃森哲技术研究院与弱势儿童研究所（CINI）通过大规模的调研数据，合作开发了一款名为"GPower"的应用程序，帮助基层工作人员顺利完成现场考察、评估，打击贩卖女童行为并杜绝童婚问题。

CINI可通过云端，对数百万条记录进行集中分析并跟进此类活动，再向社区协调员提供具体信息，告知每个受害女童能够获得的支持，以及需要采取的任何额外措施。

三、扩大数据容量，提升专业性和洞察力

为了充分利用数据实现社会目标和商业目标，大多数企业需要开发或获取新的数据科学专业知识。它们不仅应了解数据的时空性变化以构建动态解决方案，还要知晓如何结合音频、视觉、情感等不同类型的数据，获取更深入的洞见。

企业可以借助数据构建动态解决方案。 例如，Meta公司（前身为Facebook）就在灾难管理中利用了多个数据源进行分析处理，并密切监控、汇总更新，以提高数据的针对性，从而更细致地了解数据

意义。该公司推出应对新冠疫情的工具，通过高校调研、卫星绘图、人口普查数据等技术对人口流动、感染及蔓延情况进行预测及监控，帮助研究人员以及政府更好地分配资源、应对疫情。[2]

提高企业的数据成熟度，离不开富有责任感的管理者以及数据科学方面的专业知识，因而**建立专业管理队伍也至关重要**。联合利华便将"以善为先"的理念置于整个企业的核心，考量每个项目对可持续发展目标的积极或消极影响，这促使管理者更加深入地思考如何跟踪数据和评估变化。

企业也需要具备**有效宣传企业社会影响的能力**。否则，如果没有基于可靠数据的明确宣传，社会项目带来的好处便无法实现。10年或20年后，企业可能会发现自身所处的尴尬处境，既无法向外界传达自身所取得的成就，也无法说明过往努力是否值得。

四、严守道德底线

数据向善，要求企业始终重视道德操守。合乎道德的行为和价值导向，是决定数据如何在社会环境中得到合理使用的必要条件。数据的使用应当具有包容性而非排斥性，保护而非利用他人。

首先，企业需要运用以社会价值为导向的方法来处理数据，确保自身政策（包括管理者绩效评估标准）都能为其价值观提供支持。保持开放心态，并随时根据技术的发展和算法进行调整，尽可能排除客观偏见。

其次，遵循道德理念，"善"取、"善"用数据。例如，类似万事达卡和Meta使用的汇总数据方法，或提供基于大型数据集开发并不断更新的模型，允许企业在不侵犯个人隐私的情况下制订社会公益解决方案。而数据信托则是另一个新趋势。其本质意味着赋予非营利组织托管数据的权利，以及保护数据和数据所属人群利益的义务。在创建交易成本较高的特殊数据使用协议时，企业可通过数据信托来解决这一问题。

---

2. Meta公司：《数据向善》，2020年5月17日访问，https://dataforgood.fb.com/docs/covid19/。

最后，在道德和隐私问题上维持适当平衡并非易事，是否在应急响应状态下分享客户数据"合法数据访问"也并未得到清晰界定。因此，部署先进技术，在保障隐私的情况下获得其所需的数据洞察力，将成为企业一项日益重要的工作。

由于对有关社会影响力的数据缺乏战略应对方法，许多企业陷入了发展减缓的窘境。而根据上述五项原则制定"数据向善"战略，利用技术"善"取、"善"用数据，则可最大限度地发挥数据对社会公益事业的促进作用，突破商业价值与社会价值相结合的发展瓶颈，"善"赢消费者。◪

五、参与政策对话

扩大"数据向善"计划的规模，很多情况下通常涉及与政府进行某种程度的合作。由于企业很难将其营销和分销渠道的全部力量投入社会公益项目，政府在此时便可充当推动者或合作伙伴，确保富有前景的项目能实施落地。此外，政府还拥有大型公共数据集，可通过在其基础上叠加较小的数据集，从中挖掘重要洞解和关联。

积极主动地与政府展开有意义的公开对话，并从根本上将企业自身战略与政府的更宏大的目标保持一致，也将有助于向员工和客户展示自身的价值和影响力。

桑杰·波德
埃森哲成长型市场技术创新服务董事总经理

沙拉博·库玛·辛格
埃森哲商业研究院前沿思想研究总监

卢珊
埃森哲大中华区企业技术创新事业部董事总经理

业务垂询：accenture.direct.apc@accenture.com

山鹰国际总部大楼

从制造业到服务业：
数字赋能，绿色创新

——山鹰国际董事长吴明武专访

访 李喆、杨越非、陈瑾

文 陈双、吴津

山鹰国际作为中国龙头造纸企业，在数字化转型浪潮以及可持续发展大趋势之下，积极拥抱变革，以卓越的创新能力、数字能力、组织能力和决策能力持续推动战略布局优化落地。在信息化、数字化、智能化层层推进的转型过程中，山鹰国际于2021年开启了新的五年战略规划，雄心勃勃计划在产业链中下游全面开拓，成为"为客户创造长期价值的全球绿色包装一体化解决方案服务商"，并坚持长期主义、一体化、绿色发展，推动实现高质量可持续发展。

本辑《展望》我们对山鹰国际董事长吴明武进行了独家专访，请他全面解读山鹰国际对于转型的战略思考，并分享作为一家传统制造企业，山鹰在迈向数字化、智能化的征程中对可持续发展、人才、组织变革以及技术创新等方面的实践和经验。

《展望》：企业的数字化转型离不开战略的制定，先有战略，再有方向，最后才能去具体实施。那么山鹰新一轮五年战略的背后有哪些思考？是什么因素促使山鹰决心从一家传统制造业企业转型为以服务为主的产业互联网企业？贵司采取了哪些有力举措去支持转型？

吴明武： 其实早在2019年到2020年，第二轮五年战略规划的末期，山鹰就在思考下一轮企业战略的内容，包括我们想要成为什么样的企业，我们的愿景、使命、价值观是什么，我们将采用什么样的商业运营模式。显然，企业在不同发展阶段要思考的问题是不一样的。

首先，任何企业战略的制定都要以企业现有业务为基础。当我们盘点集团业务时，发现整个行业中只有山鹰一家企业在回收、造纸、包装，即全产业链上，做到了真正打通和布局，那么未来我们就应该充分利用这一优势，继续把它做实、做强、做大。所以，在新一轮的五年规划里面，我们战略的主基调就定为"包装一体化解决方案服务商"，我们希望山鹰把现有的业务优势发扬光大。

其次，基于对未来市场趋势的判断，我们提出另一个战略方向：生态化、长期主义。目前，中国宏观经济已经进入存量竞争阶段，人口和经济高速增长带来的红利已经不复存在，未来五年的市场行情可能没有之前那么乐观。在这种新常态下，如果企业还是维持原有的供应链端、客户端的动态博弈，生态圈的所有参与者都会面临很大挑战。在这种大环境下，山鹰开始思考如何逐步扩大、释放产能，并用数字工具和创新商业模式帮助企业，甚至整个行业降本提效。

最后，近年来的技术进步能够支撑我们实现业务发展构想。以前，由于算力、技术以及建模工具的制约，我们的信息化建设主要聚焦于企业内部，或者偶尔往外延展一点。但真正的"一体化"，意味着互联互通、端到端全流程的打通，做到相互协同、信息共享、智能决策。借助现在技术的进步，我们可以实现横向一体化、纵向一体化。

山鹰决心从传统制造业转向服务业，是基于我们对内外部环境的判断，我们也学习借鉴了很多优秀企业在转型过程中的经验，希望走出一条与众不同的发展之路。我们发现，很多企业近年来都逐渐从卖产品发展到卖服务，这是因为随着产品的同质性越来越强，企业未来想要在产品上打造独一无二的核心竞争力，在任何行业都不是特别现实。但服务和解决方案，比如说企业在卖产品的过程中，提供相应的增值服务，这些"软"实力是可以被打造成独一无二的，其他企业很难去复制粘贴。

在这个过程中，我们通过创新商业模式加速布局产业互联网平台，做到产业一体化的打通，形成了完整的山鹰产业互联生态圈。比如在回收端，云融打通了我们和打包站之间的回收流程；云印则为包装企业以及终端客户提供SaaS平台服务，管控我们每一家包装企业从原纸进出、生产过程、包装产品，到终端客户，全链条的打通。我们还为终端客户提供生产云工厂的概念，不仅卖山鹰的包装产品，我们也把更多的包装企业拉到平台上，一起为我们的终端客户提供全面的、一站式的产品和服务；云链则涉及对公司有

> 山鹰国际原纸自动仓

重大意义的物流产业，从前端回收到终端客户，通过平台支撑，确保每一个环节都有强大的保供能力。当然，通过战略目标的锁定以及向服务转型基调的确定，借助各种技术和手段，我们在企业内部也进行了创新，比如通过共享和创新进行流程优化。

《展望》：那么在新一轮战略实施的一年多的时间里，山鹰在从制造业转向服务业的过程中遇到了哪些困难和挑战？又是怎么解决的？

吴明武：我们和众多从传统行业转型为服务行业的企业面临的挑战非常相似，这也是每家企业在发展转型过程中必须经历的。比如说如何在企业内部达成转型思想上的共识，确保执行的时候不会出现偏差？如何突破传统思维的制约，让员工相信数字工具的力量？如何突破传统企业的人才瓶颈？如何解决企业文化的短板？

首先，在数字化转型过程中，要解决这些挑战，最关键的是组织文化的转型。在山鹰，我们提倡在数字化管理过程中以客户和业务为导向，企业上下层级开放、平等、坦诚地做沟通，鼓励员工积极参加公司会议、献谋献策。我们总部的高层也会定期去基层和事业部、生产基地的领导沟通宣贯，保证企业自上而下的思想一致，行动方向也一致。

其次，人才也尤为重要。我们现在对人才的需求与制造行业的需求完全不一样，需要的是架构师、智能制造专家等新型人才。这些人才我们原来都没有，解决办法有两个：外部招贤，内部培养，这两条路一定要一起走，不然会对原有组织有很大影响，但是在某个节点上，我们需要外部更有数字化专业思维的人才帮助我们，带领我们走一段路。而当我们把数字化转型文化贯彻在企业当中，员工们对此都是非常理解的，公司在转型以及组织变革的过程中也就非常顺利。此外，人才的识别、培养和招聘，并不只是人力资源部门的工作，公司每一个层级的领导，都肩负着人才选用和保留的责任。我们也联手数字化转型以及战略转型领域的咨询公司，一起去解决人才瓶颈的问题。

最后，数字化转型离不开精益流程，不然企业数字化成功的概率会很低。山鹰的每一个数字化项目，都是建立在效率、效益以及数据应用的精益基础上。

> "
> **文化是数字化转型的土壤，企业应该在文化转型过程中构建具体落地的思想和举措。**
>
> ——山鹰国际董事长 吴明武

《展望》：山鹰集团在2021年的年报中提到"做新总部""做实事业部"，这是出于什么样的考虑？

吴明武：这与企业的组织变革是有关系的。"新总部"这个概念的提出是因为我们在前期梳理过程中，对业务板块及其管理模式进行了重新界定。山鹰的第一旗舰业务是造纸，这是我们目前现金流最多的地方，从管理角度被定义为运营管理；第二旗舰业务是包装，是我们目前转型的方向，我们称之为战略管理；第三旗舰业务是一体化方向发展，比如孵化新业务、回收、云融等，我们称之为财务管理。根据不同业务不同的管理模式，总部应具备高度前瞻性，在战略上引领业务前行，在战术上更多的赋能事业部，为业务提供更多专业支持，为内部客户做好服务，并通过数字化系统做好监管工作。"做实事业部"指的是业务团队要做"实干家"，承接业绩目标，做实经营责任，服务好外部客户。

《展望》：山鹰在数字化转型中，如何去定义数字化转型的价值或者说如何去衡量项目是否达到预期的效果？山鹰那些成功的数字化转型项目背后又有哪些经验可以和大家分享？

吴明武：信息化是有特别可量化的衡量标准的，比如"每个月的第一天出报表"。而数字化则需要通过商业模式创新、精益以及流程优化，为企业实现降本增效。在山鹰，数字化转型被纳入到了"资本性支出管理"的范围。虽然现在没有办法统一衡量所有的数字化项目，但至少承诺要在短期之内，比如项目上线一年以后，无论是人员的节降还是成本的节降，需要给企业带来16%的经济价值。

关于数字化转型项目的成功保障，我认为第一个是强强联合。数字化项目一定会给企业带来业务变革，所以一定要有业务人员的参与。而同时，实施数字化转型项目的技术专家也要具备业务思维。这样，项目无论是在前期业务设计还是后期实施落地，都有保障。

第二个是敏捷。信息化时代，我们往往会花费大量时间做一个庞大的系统，然后通过试点，再慢慢推广。但在数字化时代，我们需要的是敏捷的项目、敏捷的组织、敏捷的方法。我们把每个项目分解成若干个子任务，每个子任务要有阶段性的成果，之后再到下一个子任务。用这种小步快跑、敏捷的方式去推进，大家能看到阶段性的成效，就更有信心携手一起前进。

> "
> **哪怕数字化转型初期前景不明，我们也一定要快速奔跑。**
>
> ——山鹰国际董事长 吴明武

图片来源：山鹰国际

《展望》： 提到数字化转型项目里的强强联合，山鹰是否有什么组织机制或者绩效的考量，比如KPI，推动大家去创新、转型？

吴明武： 我认为，在数字化转型当中，如果KPI设得太多，反而是一种阻力。因为一旦导向错误，项目就会失败，成本会因此提高，员工也会被大大小小的KPI搞得晕头转向。

在山鹰，哪怕转型初期前景不明，我们也一定要快速奔跑，这时就很难用KPI去衡量，所以我们采用里程碑的方式，在项目的关键节点，给团队鼓励、激励。更重要的是此举会让员工有成就感、有收获感，让他们在实战中提升自身能力。

在转型过程中，我一直强调"不追责"：不对原来所做的事情追责，不对转型过程中的错误追责。转型的目的就是让问题暴露出来，并加以解决。如果上面的人追责，下面的人就会掩盖问题，不暴露问题就没法进行下一步，数字化项目失败的概率就会变得很大。只有当领导告诉团队不要紧，哪怕跑歪了，也由公司来承担责任的时候，大家才会放心大胆、没有后顾之忧地用创新的思维和行动去解决转型过程中的困难。

> "
> 在转型过程中，我一直强调"不追责"……转型的目的就是让问题暴露出来，并加以解决。
>
> ——山鹰国际董事长 吴明武

《展望》： 在国家"双碳"政策以及可持续发展背景之下，山鹰看到了哪些发展机遇？未来五年造纸行业会是一个什么状态？企业应该怎样去做战略布局？

吴明武： 企业不单单需要考虑自身的发展，还要考虑企业社会责任。山鹰是中国第一家向国际社会承诺减碳的造纸企业，这是我们践行社会责任非常重要的举措，同时也需要我们进行重大的变革以及创新投入。

山鹰国际造纸生产线

对于未来发展，山鹰则一直在考虑"两个一体化"。横向一体化需要我们从原来卖产品到卖"产品+服务"，为客户提供一站式的解决方案，这样做，不但可以为客户降低成本，还可以提供更便捷的采购服务。我们在上海松江投资成立了全国领先的一体化解决方案实验室，这同时也是大客户体验中心，为全球客户提供从设计、演示、打样、测试到批量应用的一条龙整体解决方案。而纵向一体化，则需要打通整个产业链的上中下游，这也是山鹰的护城河。例如，废纸再制为再生纸是绿色产业的重要业务，我们便打造了整个产业链的纵向一体化，以构建相应的核心竞争力。

现在大家一说起山鹰，都知道我们是一家造纸企业，我们希望的是五年后，大家看到的山鹰是一家包装企业，再过五年，人们会说，山鹰是一家服务企业。

《展望》：您觉得未来3~5年，技术会有哪些重大的发展？哪项技术可以在数字化进程中帮助山鹰实现"两个一体化"的目标？

吴明武：目前，5G、物联网、移动、大数据、云等技术能为企业提供的价值都是很明确的，我们肯定会全力推进。

其实，在不同的时期，在不同的业务领域，企业会关注不同的技术应用。比如物流平台的建设，一定会涉及物联网，我们今年在建的物联网卫星定位，会实时向客户提供货物追踪信息，而其他技术包括机器人、数据建模、自动化验收，激光扫描等等，一定也会在不同的业务场景得以应用。虽然没有人可以预测山鹰未来需要什么样的新技术，但我们可以确定的是，新技术在我们整个智能制造转型过程中，应用的场景只会越来越多。

同时，我也想强调一点，在企业的创新过程当中，肯定会运用到各种各样的技术。无论是在企业内部孵化，还是从外部引进，都需要确保技术、创新和业务是相结合的。

企业数字化转型不是一蹴而就的，这条道路充满了艰难险阻与未知，成功的企业屈指可数。对山鹰国际来说，在"摸着石头过河"的转型进程中，需要以清晰明确的转型战略为指导，在企业内部自上而下贯彻转型文化、坚定决心，投入大量资源和精力、借助科技的力量，进行业务和组织的创新与变革。

而"目光长远""目标清晰""大胆敢为"，则是我们在采访吴明武董事长的过程中，对山鹰国际数字化转型之路体会最深的几点。我们见过很多企业的数字化转型，但像山鹰这样能够充分认清企业自身发展现状、明确发展方向，在转型过程中全速前进，做到"上面不追责、下面大胆做"的企业还是很少见的。博风击雨，傲骨凌云，"鹰击天风壮，鹏飞海浪春"，希望未来的山鹰国际，继续以勇敢和坚定为翼，展翅翱翔在数字化转型的天际之中。◪

特别鸣谢：山鹰国际首席数字官游知女士对本文亦有贡献。

▼

李喆
埃森哲大中华区董事总经理、自然资源行业主管

杨越非
埃森哲中国商业研究院研究总监

陈瑾
埃森哲大中华区市场营销部经理

业务垂询：accenture.direct.apc@accenture.com

"以专业服务助力中国数字创新"

——《人民日报》专访刘弢

文 李琰（《人民日报》记者）

数字转型 卓越伙伴
1987-2022
35

根植中国 基业长青

accenture
埃森哲

2022年是埃森哲扎根中国市场的第35年。在2022年的全国两会期间，《人民日报》专访了上海市黄浦区政协委员、埃森哲大中华区董事总经理、市场营销总裁刘弢，他介绍了埃森哲作为扎根中国的领先外企和全球知名综合性咨询和技术服务公司的历史和现况，代表埃森哲表达了继续扎根黄浦、立足上海、服务全国、面向全球的坚定信心。

"面对全球性挑战和不确定性增多，中国经济保持平稳增长态势，从速度到质量、从规模到效益再到结构优化，中国迈向高质量发展的步伐更加坚定。"埃森哲公司相关负责人刘弢在接受《人民日报》记者采访时表示，中国经济展现出强大韧性和增长潜力，为跨国企业继续扩大对华投资注入更多信心，也为全球经济恢复提供了动能。

作为知名综合性咨询和技术服务公司，埃森哲见证并参与了中国深化改革、全面开放和持续创新的发展进程。刘弢说，中国加入世界贸易组织之后，越来越多的中国企业参与国际竞争，需要引入和建立国际领先的管理理念和方法。与此同时，中国不断扩大开放，吸引更多跨国企业进入中国或扩大在华发展。这给埃森哲提供了诸多合作机会，"中国市场一直是埃森哲在全球的关键战略市场"。多年来，埃森哲在华业务保持稳定增长，专业服务团队扩大到约2万人。

随着互联网、大数据、人工智能等技术加速创新，数字经济发展速度之快、辐射范围之广、影响程度之深前所未有。加快产业数字化转型，将为中国数字经济高质量发展赋能。"中国政府高度重视数字化转型发展，作出一系列重大决策部署，如出台《"十四五"数字经济发展规划》等。埃森哲非常看好数字中国建设，将以专业服务助力中国数字创新。"刘弢介绍，得益于中国加快数字化发展，埃森哲持续增加对华投资，先后在深圳、上海、大连等地成立全球创新研发中心、数字创新中心、未来系统客户体验中心和互动体验中心。

埃森哲积极助力吸引更多跨国企业来华发展。"中国推进高水平对外开放和优化营商环境，经济社会发展呈现出的活力、创新、稳定和高效都极大提升了其吸引力和竞争力。"刘弢说，在做好疫情防控工作的前提下，广交会、服贸会、进博会等一系列国际盛会如期举行，为更多外国企业和产品进入中国市场创造了重要机遇，埃森哲也从中获益。"我们通过连续深度参与服贸会、进博会等合作平台，把全球的创新能力建设与数字化服务解决方案带到中国；同时，我们借此机会，把中国企业优秀的创新实践经验与各国企业分享。"

刘弢表示，中国加快构建新发展格局，通过一系列吸引和稳定外资的政策和措施，进一步践行对外开放承诺，"继续成为全球投资的热土"。"中国经济持续向好，为世界经济复苏贡献了中国经验和智慧。埃森哲将继续扎根中国、服务全球，与中国合作伙伴共同努力塑造一个更具韧性、更为创新的可持续未来。"刘弢说。◪

本文原刊于《人民日报》2022年4月5日第三版（http://world.people.com.cn/n1/2022/0405/c1002-32391721.html）。

借助青年之力，
推动绿色经济

文 孔嘉辅、韦德拉娜·萨维奇博士、瓦伦丁·德·米格尔

提要：企业亟须将绿色经济提上日程，设计全新绿色岗位来吸引具有不同技能水平的"绿色"青年，从而加速推动可持续发展。

青年人对工作有何要求？在亚太地区，年轻一代的就业期望与其他地区并无二致：高薪、稳定以及机遇。[1] 但与此同时，越来越多的亚太地区年轻人开始期望从事绿色经济相关工作。[2] 他们希望助力实现清洁交通转型，对可持续农业和土地利用抱有浓厚兴趣，并且支持亚太地区的"脱碳"进程。

对于在亚太地区运营的企业而言，这既是利好消息，也是一种挑战。前者是因为许多企业已充分认识到，需要更快地朝着有利于环境可持续发展的商业模式转型。而后者则意味着，企业必须立即行动，设计全新岗位来吸引具有不同技能水平的有志青年。

胸怀大志的"绿色"青年

如今的青年们对绿色经济的关注和关心远超预期。他们是积极的气候卫士，为了美好的未来，致力于通过身体力行以改变集体观念。这体现在他们消费行为的改变和在就业选择方面的权衡上。

"以某种方式为创造可持续环境而奋斗"，这一就业理念对全世界年轻人均有着极大感召力，而亚太地区尤其是中国的青年在该潮流中一马当先。

埃森哲向来自18个国家、年龄在15到39岁之间的29500名年轻人提出了同一问题：你是否期望未来十年内在绿色经济领域就业或追求事业发展？在欧洲和美国，略超半数的受访者给出了肯定回答；而在亚太地区，该比例达77%，中国青年这一比例更是高达84%（见图一）。

图一 期望未来十年内从事绿色经济相关工作

受访者占比

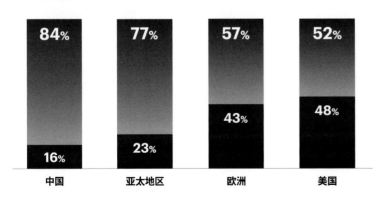

■ "期望"
期望未来十年内在绿色经济领域就业或追求个人事业的年轻人

■ "不感兴趣"
认为未来十年内在绿色经济领域就业并不重要，也不太可能在该领域追求事业的年轻人

样本量：中国2000人，亚太地区17000人（包含中国），欧洲7500人，美国2000人。

数据来源：埃森哲青年调研，2021年5月。

---

1. 国际劳工组织：《亚太地区青年就业》，https://www.ilo.org/asia/areas/WCMS_117542/lang--en/index.htm。
2. T Brennan：《为悉尼建立强大的绿色循环经济》，2019年6月，https://www.cityofsydney.nsw.gov.au/surveys-case-studiesreports/greeneconomystudy。

对于实现绿色就业目标,这些年轻人又有多大信心呢?调研显示,近四分之三(73%)的亚太受访者认为,他们将在十年内达成这一愿望。而超过一半(54%)的受访者有信心在五年内从事绿色工作或走上绿色职业道路。中国青年的长期信心则更足(见图二)。

最后,但也是极其重要的一点,就是年轻一代的追求。"以出色工作获得丰厚回报"的愿望仍非常普遍。在埃森哲调研中,不论何种绿色岗位,"薪资水平"始终是受访者认为最重要的因素,受重视程度比排名第二的"企业所在城市"高出一倍,而"工作稳定性"则位居第三(见图三)。尽管与欧洲和美国青年相比,亚太地区青年更加重视绿色岗位的类型,但前述考量因素的优先性排位在所有调研地区均保持一致。

图二 对在绿色经济中就业或保持稳定职业发展的信心

选择"非常高"或"高"的受访者占比

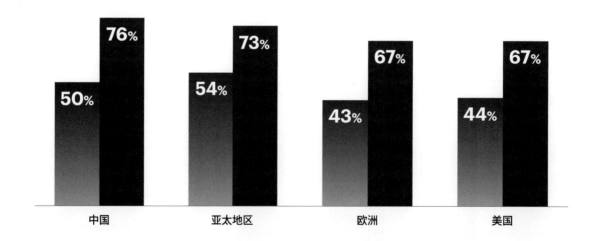

中国	亚太地区	欧洲	美国
50% / 76%	54% / 73%	43% / 67%	44% / 67%

■ 未来五年内　　■ 未来十年内

样本量:中国2000人,亚太地区17000人(包含中国),欧洲7500人,美国2000人。
数据来源:埃森哲青年调研,2021年5月。

图三 绿色岗位重要属性：亚太地区

各因素效用值得分*

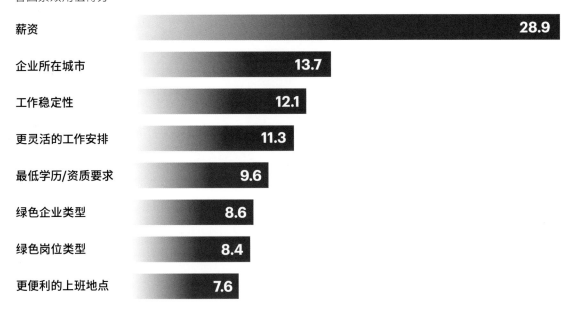

薪资	28.9
企业所在城市	13.7
工作稳定性	12.1
更灵活的工作安排	11.3
最低学历/资质要求	9.6
绿色企业类型	8.6
绿色岗位类型	8.4
更便利的上班地点	7.6

数据来源：埃森哲青年调研，2021年5月。

* 各因素效用值得分是综合分析而生成，用来衡量每个属性在多大程度上会影响工作的选择。每个属性的得分值相加为100。

现实与期望的差距

据统计，亚太地区当前年轻人口（15~39岁）总数已达13亿。[3] 那么到2030年，企业是否有足够多的绿色岗位可以提供给他们？

这无疑取决于我们如何定义绿色岗位。为此，我们将关注点缩小至两个关键领域。第一，现有行业部门经营活动的扩展，如建设低碳交通系统等全新绿色基础设施；第二，由全新行业或传统行业掌握新技术所催生出的新岗位，如清洁技术设计。

埃森哲基于这些概念对研究进行界定，再通过数据科学建模，模拟了中国、澳大利亚、印度、印度尼西亚、日本等亚太五国的绿色就业增长。五国合计占该地区温室气体排放量的70%，以及全球总排放的40%（截至2019年）。

未来七年里，上述五国推动绿色转型所需的新岗位有望大幅增长62%。埃森哲的模型显示，到2030年，在3260万个潜在的全新绿色岗位中，预计有超过1200万个岗位属于交通运输领域，例如，增建电动汽车充电站或建设城市轨道交通网络。另外，还有近1000万个岗位源于低碳电力供应的增加，尤其是可再生能源发电（见图四）。

---

3. 15~39岁人口主要来自以下十个亚太国家：中国、澳大利亚、印度、印度尼西亚、日本、马来西亚、菲律宾、新加坡、泰国和越南。数据来源：国际劳工组织。

图四 2030年新岗位增长潜力

中国、澳大利亚、印度、印尼和日本的岗位数总和（单位：百万个）

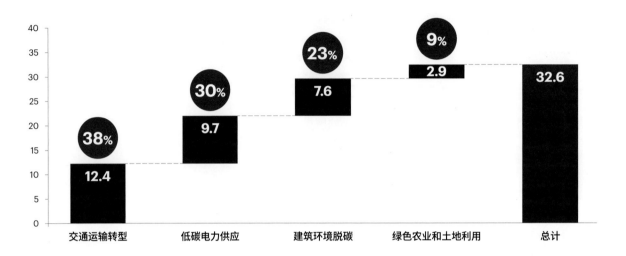

● 新创造岗位占比   ■ 新创造岗位数量

数据来源：埃森哲分析。

在不到十年时间里新增3260万个工作岗位，这听起来似乎非常宏大，但实际上，在年轻一代看来，开拓绿色就业途径的进程仍过于缓慢。在埃森哲建模分析就业增长的亚太五国中，目前共有6.65亿年轻人（15~39岁）活跃于劳动力市场。在此背景下，3260万个绿色岗位仅能为年轻人口中5%的活跃劳动力提供就业机会，远远无法满足预期需求。

企业的三大当务之急

有志青年已经摩拳擦掌，期望在绿色经济相关岗位大展身手。但企业是否已经做好准备？

许多组织已开始付诸努力，对可持续发展做出公开承诺。例如，在全球1200家已经制定了碳减排目标的企业中，亚太企业的数量高达250家，较上一年增长57%。[4] 对于希望兑现承诺并引领绿色经济的企业而言，这意味着吸引"绿领"人才的加入至关重要，他们不单是技术人才，更是复合型绿色技术人才，能够为可持续发展提供创新解决方案。

一、大胆出新，面向未来

一项简单但却被忽视的事实在于——近年来很多传统行业，恰恰最需要建立更多的绿色岗位。能源部门便是其中典型。埃森哲模型表明，到2030年，可再生能源发电部门将创造约650万个新的就业岗位。埃森哲数据显示，青年人对化工、金属与采矿、公用事业、能源等行业的求职就业渴望度较低，但却高度留意其造成的环境不利影响（见图五）。这些印象可谓根深蒂固，即便展开品牌重塑也无法转变，更遑论只是空谈环保口号。

4. R Hicks：《亚洲企业声称将迈向净零排放，但其目标贴合现实、抱负远大，还是空洞口号》，Eco-Business网站，https://www.ecobusiness.com/news/asian-companiesclaim-theyare-going-net-zero-but-are-their-targetsrealisticambitious-or-greenwash/。

图五 认为对环境具有不利影响与就业偏好对比: 亚太地区

受访者占比

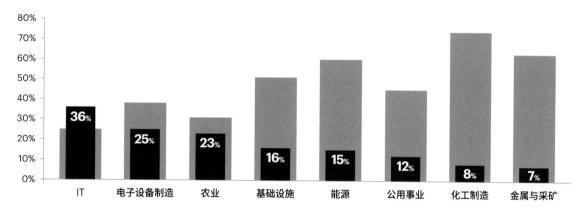

■ 行业对环境的不利影响　■ 行业就业偏好

数据来源: 埃森哲青年调研, 2021年5月。

为表明对绿色经济转型承诺的重视，那些传统行业中的企业应聚焦于两大战略要务。首先，应着力创建新的绿色业务，与传统业务脱钩。其次，应在所有业务部门中建设内部可持续发展能力，包括引入和跟踪新的可持续发展关键绩效指标、任命新领导以及推出新型服务。

 案例研究

新兴绿色科技企业的可持续发展战略值得借鉴。全球领先的绿色科技企业远景科技集团（Envision Group），以"为人类可持续发展解决挑战"为使命。远景计划在2022年底实现运营碳中和，2028年底实现全价值链碳中和。2021年远景减少了约5万吨运营碳排放，占全年总运营碳排放量的39%，大步走在中国企业"脱碳"的前列。[5]

作为全球企业、政府和机构的零碳技术伙伴，远景科技集团提出"五新"战略，即通过技术创新让风电和储能成为"新煤炭"，电池和氢能成为"新石油"，智能物联网成为"新电网"，零碳产业园成为"新基建"，同时培育绿色"新工业"体系。[6]

值得一提的是，远景电动方程式车队（Envision Racing Formula E Team）获得碳信托（Carbon Trust）的碳中和认证，成为电动方程式赛场上首支碳中和的车队；远景还发布全球首台绿色充电机器人Mochi。远景积极与合作伙伴一起研究、倡导和普及可再生能源的大规模应用，并推广汽车电动化。

5. 远景科技集团:《碳中和行动报告2022》，https://www.envision-group.com/pdfviewer/viewer.html?file=//aesccdn.creatby.com/zeroday2022/%E8%BF%9C%E6%99%AF%E7%A7%91%E4%B8%AD%E5%92%8C%E8%A1%8C%E5%8A%A8%E6%8A%A5%E5%91%8A2022.pdf。

6. 同注释5。

二、"绿领"岗位，激发创新

回顾过去数十年，我们不禁想起，除经济考量外，还有什么能令热门专业人才对某些岗位心之向往？那便是投身前沿领域，助力开发能够改变世界并拉动全球经济增长的产品与服务，跻身创新潮头浪尖的机会。

如今，我们在绿色技术领域面临着同样情形。企业、消费者乃至整个社会都在迫切期盼突破性的解决方案。我们采访的创业型商业领袖均一致认为，解决当今可持续发展问题有赖于全新的混合型方案——不仅能塑造未来的绿色经济，更能成功驱动其运行。而许多与此相对应的创新前沿"绿领"岗位尚不存在，另一些则刚刚萌生（见图六）。

图六 绿色经济中的创新型岗位

生物燃料工程师
寻求从植物中提取燃料

生物动力农学家
分析能量、恒星和月球的运动对农业和植物的影响

生物聚合物工程师
结合海洋科学和聚合物技术，寻求塑料替代方案

纳米技术专家
将纳米技术和纳米材料用于可持续解决方案，如纳米电池

绿色软件开发人员
开发可应用于绿色岗位和绿色倡议的程序

AI能源工程师
将人工智能嵌入能源解决方案

农学技术专家
实现农业和技术领域的融合，提高生产力

环境技术专家
探索新材料、可持续包装等环保技术

数据来源：埃森哲与亚太地区30位高层领导和思想领袖的访谈，2021年5-6月。

来自澳大利亚的30岁青年乔希(Josh)，在目睹了塑料污染对海洋的影响后，走上了一条非常规的求学道路：成为海洋科学和塑料工程的双学位硕士。作为生物聚合物工程师，乔希将他的技术能力与创造力相结合，致力于开发可持续塑料制品。例如，有关海藻的研究就帮助他发现了一种新型可持续塑料，这种物质不但能够生物降解，还可以食用。

在中国，电气电子产品环保检测员这一新型职业已经在2020年作为"绿色职业"被正式纳入国家职业分类目录。为解决电子产品有害物质问题，中国颁布了《电器电子产品有害物质限制使用管理办法》等法规文件，以加强对电气电子产品全产业链中有害物质的管控。电气电子产品环保监测员作为绿色制造的"先锋官"，对建立电气电子行业绿色制造体系，引导绿色消费，实现可持续发展都具有重要意义。[7]

企业要想立足绿色经济前沿，就需要为新型团队引进多样化的人才。就像生物聚合物工程师乔希，企业需对这些专业知识人才进行超越常规的组合部署，比如化学工程与创新设计结合、气候科学与人工智能结合、可持续发展与心理学结合等等。企业还应赋予创新者自主权，同时为他们提供最新工具，如先进的数据平台、分析工具和前沿技术。

三、绿色转型，人人参与

我们还应该摒弃"只有拥有高学历的人才能从事绿色岗位"的错误观念。实际上，大多数人都达不到生物聚合物工程师的技术水平，企业需要来自各种背景的人才，包括职场新人。埃森哲预计，建筑业将新增约1800万个新岗位，制造业则增加700万个就业机会（见图七）。

这些行业通常存在大量初级职位，仅要求具备职业资质，不必有高级认证。企业应充分把握这一契机，使有志投身相关行业的年轻员工认识到绿色经济的潜能。埃森哲研究还显示，受访的亚太地区年轻人都渴望接受专业培训，或根据需要"学习新技能或提升技能"（见图八）。

7. 中华人民共和国人力资源和社会保障部：《绿水青山的守护者 绿色制造的先锋官——"电气电子产品环保检测员"绿色新职业正式发布》，http://www.mohrss.gov.cn/SYrlzyhshbzb/dongtaixinwen/buneiyaowen/202004/t20200426_366498.html。

图七 2030年新增岗位潜力（按行业划分）

单位: 百万个; 数据包括中国、澳大利亚、印度、印尼和日本

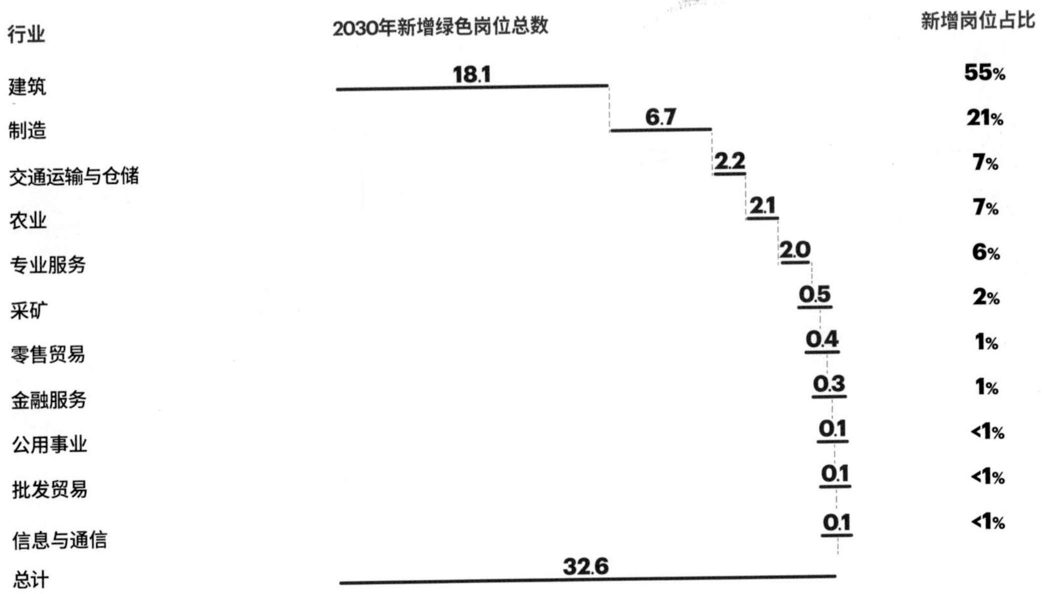

行业	2030年新增绿色岗位总数	新增岗位占比
建筑	18.1	55%
制造	6.7	21%
交通运输与仓储	2.2	7%
农业	2.1	7%
专业服务	2.0	6%
采矿	0.5	2%
零售贸易	0.4	1%
金融服务	0.3	1%
公用事业	0.1	<1%
批发贸易	0.1	<1%
信息与通信	0.1	<1%
总计	32.6	

数据来源: 埃森哲分析。

图八 认为需要专业培训与年轻人提升技能或学习新技能的意愿对比（按国家划分）

受访者占比

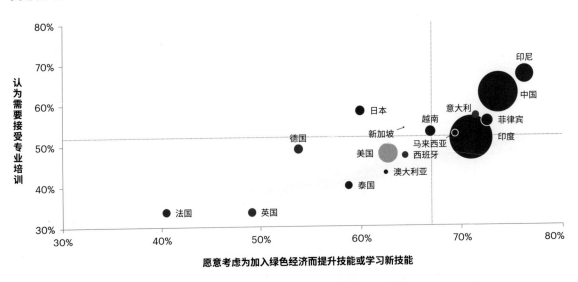

数据来源: 埃森哲青年调研, 2021年5月。

这种学习意愿将为企业带来新的机遇。埃森哲认为，企业可采取如下三大关键行动：

- 投资基础培训项目，对新入职的半技术型或非技术型工人进行认证，并为员工建立在职技能提升和专业化的途径。

- 通过与学术机构和职业机构开展创新合作，开辟初级就业途径。

- 在传统业务和新业务之间，为年轻员工创建交流和轮岗项目。

案例研究

作为建筑业巨头之一，印度拉森特博洛公司 (L&T) 认为追求更加环保的业务组合与培养青年人才应当齐头并进。例如，拉森特博洛通过创建建筑技能培训学院，在印度各地的建筑工地培训了24万多名员工。该学院专门针对失业和农村青年，提供15种职业和75种不同岗位职能的建筑认证，包括太阳能技术员。[8]

将绿色经济提上日程

关心年轻一代的需求，便是关注企业自身的未来发展。正因如此，无论企业规模大小，董事会都应开始提出关键问题，确保首管层将绿色经济相关项目作为头等大事。这些活动以保护或恢复环境为首要目标，同时创造出新的就业机会（见图九）。

通过围绕环境可持续发展与传承开展自身业务活动，企业能够加速转向绿色经济。而真正的进展，将取决于它们能否吸引更多年轻人从事新的绿色工作，帮助它们在绿色经济中取得长久成功。✎

孔嘉辅
埃森哲成长型市场总裁

韦德拉娜·萨维奇博士
埃森哲商业研究院董事总经理，前沿思想研究

瓦伦丁·德·米格尔
埃森哲全球副总裁，成长型市场战略与咨询业务总裁

业务垂询：accenture.direct.apc@accenture.com

图九 董事会应通过引入新的企业实践模式，真正向绿色经济转型

当前企业实践	董事会亟待知晓的下一步举措
任命首席可持续发展官。	任命专职首席可持续发展官是一个良好开端，但并非我们所需的跨越式革新。 当前，我们正在采取哪些办法来确保企业行动不会遭受"伪环保"抨击？
加倍努力开展宣传活动，提升利益相关方参与度。	展示追求更加可持续的增长、使全体利益相关方从中受益的决心固然是良好开端，但同时我们还必须恪守承诺。 我们将如何切实衡量非财务绩效（包括环境、社会、治理和其他方面）？
设定雄心勃勃的人才多元化目标。	如今，人才多元化目标只是基本期望。我们需要建立与岗位相关的新目标。 我们如何创造新的"绿领"岗位来吸引有志青年？同时，怎样确保现有人才能在未来的绿色经济中取得成功？

8. 拉森特博洛公司公司：《环境、社会责任与治理 (ESG)》，2021年，https://www.lntecc.com/sustainablity/esgmsg-at-landt/。

新关系、新增长

文 马克·柯蒂斯、玛莎·克顿

提要: 埃森哲年度重磅报告《Fjord趋势2022》，揭示了未来影响社会、文化和商业的五大新兴趋势，助力企业思考设计全新增长方式。

人类的下一步抉择将以超乎想象的方式影响社会的进步与发展，而所有的变革无不指向人们与外界关系的转变，无论是工作、品牌、社会、环境还是我们所关心的人、事、物。不仅如此，我们还需要直面由于自身不当行为给全球环境所造成的灾难性后果，并最终接受人类与自然唇齿相依的事实。

埃森哲连续15年发布《Fjord趋势》报告，甄别未来一年中影响社会、文化和商业的五大新兴趋势与挑战，提供精准有效且恰逢其时的行动建议，助力企业驾驭技术浪潮，展现人文关怀，把握时代先机。

一、直面我们的需求

个人主义和集体理念之间的平衡发生了变化，传统意义上的工作不再是人们的唯一选择。

当下，人类仍在应对由新冠疫情引发的种种挑战。然而，正如山火之后树木的新生萌芽，许多迹象表明，人们在经历疫情的考验之后获得了新的成长——更加关注人际关系、更加积极抓住机遇、更加充满自信、更加重视精神生活以及更加珍惜生命。

"个人至上"的理念正在快速兴起，人们更加自由、自主地选择理想的生活方式，这尤其影响着人们对待工作的态度。在疫情居家隔离期间，人们有了除工作之外新的追求，辞职浪潮席卷各行各业。这意味着，企业不仅要相互之间竞争以吸引人才，更要与人们的其他兴趣与志向展开角力。

不论是与传统就业并驾齐驱，还是完全加以替代，技术为人们找到全新收入来源提供了便利条件。将爱好和才能转化为一门生意的渠道与工具，能够更加容易地补充或替代基本收入。创作者经济便是上述现象的典型特征，并且正加速凸显这一趋势。据中国国家统计局数据显示，截至2021年底，中国灵活就业人员已经达到2亿人，其中从事主播及相关从业人员160多万人，比2020年增加近3倍。[1]

而对于企业管理者来说，如何在当前环境下吸引和保留人才与客户，取决于他们如何领导员工、塑造全新员工价值主张以及培养客户关系。一方面，企业必须实现员工个人灵活就业与团队需求的平衡；另一方面，还应奋力推动业务发展，培养员工的创造力，促进团队的多样性，提高信任程度。

二、"减法"新定义

伴随着商业"富足思维"的意义遭到质疑，"减少"不再被视为一种"损失"。

得益于线上及线下渠道提供的高效又便利的丰富选择，许多人已习惯于个人需求得到即时满足。然而，原来这些尽享"富足思维"的消费者正在彻底摒弃固有心态，因为这种"轻而易举"正在不断侵蚀着人与地球的和谐关系。

供应链中断、通货膨胀、劳动力短缺以及气候变化灾害等一系列因素正导致世界上许多国家与地区出现物资匮乏。商品稀缺将影响消费者的购买体验，企业一方面要避免产品缺货给消费者造成的不安全感，同时要改变消费者对于便利性和可持续性的预期。不过，重塑消费主义的契机亦可能由此涌现——当消费行为被迫扭转，新的消费习惯便会养成。

我们相信，平衡可负担性和可持续性是企业开拓新领域的关键。企业必须放弃"换新"思路，而将重点放在"创新"上。例如，通过服务延长产品寿命，为客户创造新的价值，而非依靠增量升级，让人们丢弃状态依然良好的旧物，购买并无实质性改变的新品。

我们预测，"再生业务"的发展势头将日益强劲，以更具循环性的方法替代传统的"获取—制造—

---

1. 科学中国：《开课吧助力学员灵活就业 享受新职业与副业带来的多面人生》，http://science.china.com.cn/2022-02/14/content_41875804.htm。

废弃"模式。企业也需要探索更多业务模式，包括动态定价、微工厂、超本地化（hyper-localized）制造等等。例如，"按需生产"购物平台正在崛起，西班牙时尚品牌Alohas如今只生产客户订购的产品。[2] 在认识到万物互联互通的本质后，企业应着手与生态系统其他成员合作，并肩应对气候变化这一迫在眉睫的挑战。

三、元宇宙的文化探"元"

元宇宙将为我们提供无限潜力，为企业大胆探索、果敢试验和锐意创新开辟更多、更广泛的新领域，这一切令人无比振奋。

当前，元宇宙热潮正席卷全球，带动数字文化更迭演进，为大众和企业提供了互动、创造、消费和获得收入的崭新空间。

元宇宙搭建起了现实世界与数字技术交互的又一舞台。它既是人们实时参与活动的场所，也是创建、铸造和交易非同质化代币（NFT）等数字资产的专属空间。若想在元宇宙中取得成功，企业需要了解客户是否愿意以及如何步入这一全新世界，企业自身又应怎样在其中兑现承诺。

毫无疑问，无可比拟的体验是吸引大众进入元宇宙的关键。我们相信，企业首先会在元宇宙中建立自己的空间，或者期待科技巨头创建它们可以利用的元宇宙即服务（Metaverse-as-a-Service）平台。随后，这些空间将超越如今司空见惯的品牌或企业网站，演变为更加中立的空间，人们能够在其中流畅又自由地展开细致而复杂的互动。

我们预期，不久之后就将迎来一个踊跃质疑、不断尝新试错、由此满足人们需求的阶段。任何希望在元宇宙里开展运营的品牌商或创新者都必须以终端用户体验为着眼点，做好大规模试错的充分准备，并确保符合道德规范。随着企业充分利用元宇宙，我们鼓励各方就人类在元宇宙中展示自我和行为活动的方式，展开道德规范方面的公开讨论。

四、信息与信任的"真"贵

越来越多的品牌将依托信息层参与竞争，企业必须培养并紧握这一强大竞争力，以赢得消费者的信任。

自24年前搜索引擎工具上线以来，提问并立即获得解答早已成为人们日常生活的组成部分。然而，随着社交媒体成为新的信息来源，人们提出的问题越来越多，却也开始日渐质疑所得到的答案。

片面描述、缺失诚信、虚假信息等倾向的内容，不但瓦解信息系统的公信力，同时削弱消费者对品牌的信赖——而消费者希望自己能够通过真实可靠的信息做出明智的购买决策。因此，信息层，尤其是信息层的设计和宣传方式，是企业构建信任时重要且复杂的一环。

企业必须巧妙利用信息层的有限空间以吸引消费者极易分散的注意力。信息层应当简明、易用、透明且个性化，并与不断变化的应用场景、界面和用户行为模式紧密关联。此外，内容设计也极为关键。我们预计，对话式人工智能将在功能性和精准度两方面实现进步，混合交互界面可借助数字化信息层达到增强现实的目标。

在回应消费者的疑虑方面，企业目前面临的压力与日俱增，新的信息层则将为企业构建信任提供契机。并非所有消费者都会去验证企业所提供信息的真实性，企业应主动证实信息层中的描述，减少消费者的担忧。以时装零售商Everlane为例，其网站透明度极高的产品描述，回应了消费者所关注的企业价值观的问题——不但提供了商品制造的细节信息和图片、生产过程中回收利用的水量、工厂是否达到了其设定的道德标准高度，还展示了其商品

2. Alohas.io公司网站，2021年11月3日访问，https://www.alohas.io。

定价的规则，列出了原材料成本、设备成本、人工成本等明细。[3]

我们建议，通过设计新的信息层，努力回答消费者不断增加的产品和服务问题，并让这些回答在销售渠道以及其他渠道都容易找到，从而增进企业与消费者和社群之间的信任。

五、共富关怀，用心浇灌

关爱自身和他人将成为每个人的当务之急。而顺应迫切需求、进一步为消费者提供关怀能够帮助企业赢得信任。

关怀和共情是根植于人类本性的两大特征。关怀是一种体恤他人的善良行为，通过在同理心的基础上进一步付诸行动，赢得对方信任。过去一年中，各种形式的关怀备受瞩目，从关注自身、照顾他人、护理服务，到在线和实体形式的关怀渠道。

随着非医疗领域企业和服务机构纷纷开始寻找新的方式，向客户展示关怀，"关怀经济"逐渐风行——如何照护自己与他人已成为社会的重要焦点。以新方式提供关怀的需求和紧迫性，推动了健康和护理监测产业的兴起。从智能手机、FitBits手环到Oura戒指，各种设备被广泛用于监测生命体征、血压和血氧水平，而人们对跟踪心率异常等非常用健康指标的兴趣也在上升，对管理焦虑和压力的应用程序及可穿戴设备更是充满期待。

实际上，企业可以采取多种方法以体现"关怀之心"。例如，在产品和服务设计之初就着手创造新的关怀价值，包括提升关怀的覆盖范围及对象，提高心理健康和安全事项的优先级别，探索多感官设计以增强包容性，重新审视员工体验、简化旧有流程，以及保护客户数据，不一而足。

关怀始终是人类特质中不可或缺的重要组成部分，只是该问题在过去没有那么明显，也没有被广泛探讨。这无疑是一项可喜变化。但只谈不做，远远不够。因此，设计人员和企业须站在实际执行的角度，并最终通过深思熟虑的设计，使整个社会生活体系体现人性关怀的温暖。

过去两年来，人类社会的运转体系一直在遭受破坏，令我们损失惨重。虽然前路仍荆棘密布，但我们坚信，未来必将迎来构建全新体系和生存之道的绝佳机遇。我们需要有意识地将各种积极关系凝聚，创建有益于人类和地球的生活体系。■

《Fjord趋势2022》中文版全文已经发布，扫描二维码，和埃森哲一起探索前沿趋势，把握时代先机。

马克·柯蒂斯
Accenture Song创新与思想领导力负责人

玛莎·克顿
Accenture Song北美地区董事总经理

业务垂询：accenture.direct.apc@accenture.com

3. Everlane公司网站，2021年11月23日访问，https://www.everlane.com/about。

企业级元宇宙如何
重塑新商业格局

文 杜保洛、马克礼、迈克尔·比尔兹

提要: 埃森哲《技术展望2022》详细解读了企业应如何紧跟四大技术发展趋势, 在未来多元宇宙中重塑商业新格局和消费新体验。

过去一年里,"元宇宙"一词突然涌入大众视野,并引发了广泛讨论,它为人们展示了一个永续、共享的虚拟现实融合空间,构画了科幻小说般的未来。一些企业组织已经起步,例如,新华社发布的AI虚拟主播可以24小时不间断地向观众播报新闻; 亚马逊Sidewalk项目启动后,开创了智能社区,并大幅扩展了现有智能设备的覆盖范围等等。[1,2]

但我们必须承认,元宇宙的概念尚处于早期构建阶段,需要企业进一步解读,并且随着元宇宙的发展和成熟,其影响的业务领域范围也会延展扩大,我们不应该把元宇宙应用局限于纯数字空间的体验。因此,埃森哲提出"多元宇宙"这一理念,把元宇宙视为在多个维度上不断演变和扩展的连续统一体:

(1)由包含云、扩展现实、区块链、人工智能、数字孪生、智能对象(包括汽车和工厂)和边缘计算等在内的多种技术群组成。

(2)既有纯虚拟体验,又有虚拟和现实结合的混合体验。

(3)打造新兴消费者体验、业务应用和商业模式,推动企业重构与变革。

毫无疑问,迈向美好未来,需要前沿技术的推进,也需要企业对于未来几十年运营和价值的选择。无论是计划在未来打造一个电动汽车和自动驾驶车辆的智慧城市的电动汽车巨头特斯拉,还是为未来技术投资、成立世界最大量子计算公司Quantinuum的霍尼韦尔,[3] 这些大胆拥抱不确定性的企业,已经从"用技术赋能业务"向"以技术为驱动设计未来"转变,紧握重新定义世界的主动权。

但人们也有不少疑惑: 在这些融合新世界里,企业如何开展业务和产品销售? 消费者如何购买这些产品? 人类如何在元宇宙中交互,以及这将如何改变我们在元宇宙之外的渴求? 当企业组织变得更加分散或自主化时,办公环境会是什么样子? 在现实世界中,城市与城市间的智能化水平不一,我们如何管理跨越不同城市的供应链?

企业发展和塑造多元宇宙的路径尚不清晰。不过,可以确定的是这个未来应该是开放、融合、共治的。在2022年的《技术展望》中,埃森哲探讨了当前的技术创新如何构筑通向未来的基石。从虚拟到现实,从人类到机器,以下四大趋势为企业详细解读了哪些领域蕴藏着大量机遇,企业该如何破立并举走向未来。

---

1. C. 巴拉纽克:《中国新华社推出人工智能新闻主播》,BBC新闻,https://www.bbc.com/news/technology-46136504。

2. R. 克里斯特:《亚马逊Sidewalk功能将创建整个智能社区》,CNET,https://www.cnet.com/home/smart-home/amazon-sidewalkwill-create-entire-smart-neighborhoods-faq-ble-900-mhz/。

3. A. 罗特:《霍尼韦尔刚刚成立世界上最大的量子计算公司》,载《巴伦周刊》,https://www.barrons.com/articles/honeywelljust-laun ched-the-worlds-largest-quantum-computing-compa-ny-51638295126。

互联网的未来：元宇宙

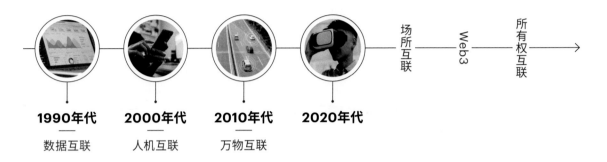

1990年代	2000年代	2010年代	2020年代
数据互联	人机互联	万物互联	

场所互联　Web3　所有权互联

趋势一：未来网络——融入元宇宙

元宇宙和Web3将改变虚拟世界的底层构建和运作模式，数据所有权将重塑互联网的消费和生产关系

1975年
首个虚拟现实实验室VIDEOPLACE发布。

1990年
沉浸式角色扮演游戏《创世纪6：虚伪先知》上线，可视为元宇宙的前身。

1992年
尼尔·斯蒂芬森（Neal Stephenson）在畅销小说《雪崩》中创造了元宇宙的概念。

2003年
网络虚拟游戏《第二人生》发布，此后10年间吸引了100万活跃用户。

2009年
比特币问世，价值从不到1美分攀升至2021年的47000美元。

2020年
特拉维斯·斯科特（Travis Scott）在游戏《堡垒之夜》里举办的虚拟演唱会吸引了2770万粉丝。

2017年
微软收购AltspaceVR。

2014年
以太坊联合创始人加文·伍德（Cavin Wood）定义Web 3。

2014年
Facebook以20亿美元收购了Oculus。

2020年
美国成年人平均每天上网时间达到16小时，增长25%。

2021年
艺术家Beeple的NFT作品在佳士得拍卖行拍出了6934万美元高价。

2024年
首个基于区块链的国际贸易协定推出。

2026年
为了应对不断上涨的教育成本并提升入学率，公立大学系统将开设VR校园。

2031年
一些机构开始招募元宇宙工作区的全职员工。

2030年
在一些国家，房产证、驾照和出生证明等常用文件都将在区块链上存证。

2029年
一些图书馆开始安装公用VR设备。

2028年
大型时尚零售商的NFT产品销量开始赶超实体产品。

脸书（Facebook）公司在2021年更名为Meta的举动，充分表明了该公司已将其业务重点从社交媒体转向元宇宙，这也是众多希望抢占元宇宙生态高地企业的代表之一。我们的调研显示，71%的全球高管认为，元宇宙会对其企业产生积极的影响，其中42%

的人认为元宇宙带来的变化是突破性的；95%的全球高管和90%的中国高管认为，未来的数字平台应打造统一的用户体验，实现客户数据跨平台和空间的共享协作。从消费者的角度来说，55%的全球消费者和87%的中国消费者认为他们的生活与工作正高度数字化,而他们需要在各个数字平台之间实现无缝的数字体验。

埃森哲认为,元宇宙是"互联网的一种革新,推动用户从单向网页浏览向体验共享、共建转变,允许人们从真实世界跨越到完全虚拟的世界,并促进两者全方位地融合"。

元宇宙是数字体验平台的重塑,而Web3(本文指代为"利用区块链和通证化等技术在互联网中构建更加分布式的数据层的一系列新兴举措")则重新定义了数据在平台间的传输方式,两者所激发的创新将转变虚拟世界的底层构建和运转方式。如果说当下的互联网只是将各种网站和应用加以聚合,而元宇宙则将打造一个恒定的三维环境,让人们从工作场所切换到社交平台,就像从办公室走到街对面的电影院那般简单。而Web3将塑造一个具有真实

性、信任感甚至稀缺性的数据框架,建立起这些尚未在虚拟世界中得到映射的规范。要想发挥元宇宙和Web3的最大价值还得取决于两者融合的方式。

行动建议

企业领袖应开展市场和技术调研,了解并分析当前变化趋势对当前数字工作的潜在影响,对机遇点进行优先级排序,然后对应需求寻找相应的合作伙伴,并且进行技术投资以提高企业的短期和长期能力,增强应对变革的韧性。同时,在明确转型的道路之后,为助力元宇宙和Web3平台战略落地,企业不但需要大量引进相关人才,还需对员工进行长期的新技能培养。

趋势二: 编码世界——个性化星球

我们的世界走向可控、可定制和自动化,万物皆可编程

1982年
美国国家航空航天局(NASA)使用早期的数字孪生技术模拟阿波罗13号任务中的救援场景。

1982年
卡内基梅隆大学(CMU)的研究人员实现了首个物联网设备——一台可口可乐自动售货机。

2008年
MINI汽车发布首个AR广告,并刊登在3本德国汽车杂志上。

2013年
麻省理工学院(MIT)开发了第一代M-Blocks(自组装机器人)。

2019年
麻省理工学院利用CRISPR技术创造出可变形水凝胶。

2019年
Snap公司发布增强现实镜头Landmarkers,用户可以与全球著名地标互动。

2016年
AR游戏*Pokemon GO*在发布后12个月内下载量突破5亿次。

2016年
微软发布增强现实设备HoloLens。

2020年
加州大学戴维斯分校(UC Davis)的神经外科医生使用混合现实头显设备给连体婴儿做分离手术。

2021年
非盈利组织仁人家园提供资金,建造了全球第一个3D打印住宅。

2024年
大型连锁超市纷纷推出AR应用,让顾客能了解更多产品信息,如查看过敏原或可持续发展评级。

2025年
车企宣布通过数字孪生平台控制和重组汽车自动化装配生产线。

2037年
使用可编程钢建造超过30层的建筑物,这种材料可以抵御外力冲击、自我修复,并可以通过重新编程实现建筑物改建。

2032年
旗舰式智能手机开始安装嵌入式全息投影仪。

2031年
学校为学生提供AR眼镜以提高学习效率。

2029年
巴黎时装周推出由智能材料制成的变色服装系列。

科学技术的每一次飞跃都会引起社会生产力和生产关系的变革，提升人类掌控环境的能力，大幅推动人类文明的进步。如今，数字革命正对现实世界产生决定性影响，"控制""定制化"和"自动化"等在应用软件中常见的指令将会融入我们生活的现实环境中，让世界变得"可编码"。人类根据自己的所需所想对这个编码世界发出指令，选择想看的数字内容以及与之互动的方式，获得最优质的体验。而企业则将负责打造和提供这些体验，重塑运营方式，迎接全新的世界。

我们的调研显示，92%的全球高管和88%的中国高管认为，领军企业将打破虚拟世界的边界，创造身临其境的体验，提升我们在数字世界和现实世界之间不断无缝切换的需求；74%的全球高管和56%的中国高管表示，在过去三年中，他们企业部署的物联网/边缘设备的数量大幅或成倍增加。而对消费者而言，他们正在跨越AR技术的转折点：56%的消费者认为当下和未来可以在使用AR中发掘个人价值。

为了在现实世界中构建新一代产品、服务和体验，满足我们对数字便利的新期望，企业需要深入了解编码世界的三个技术层次：互联层、体验层和物质层。

许多企业已经处于投资和部署编码世界技术的第一层，互联层。物联网技术是这一层次的核心，表现在企业数字转型的应用和消费端开始广泛购买物联设备。

数字孪生则是体验层的核心组成部分，它基于物联网和边缘设备收集数据并以5G的速度处理。企业可以通过构建现实世界的数字模型实时了解生产环境和运营情况，创造全新的员工体验。体验层另一个值得关注的部分是增强现实，比如AR眼镜。

编码世界的最后一层是物质层，并涉及产品的制造方式。它包括新制造和新材料，将可编码性融入人类现实生活环境的方方面面。数字化制造技术的进步正在改变实体商品的生产方式和地点，实现按需生产和超级定制。新型智能材料和可编码材料有望使成品也能进行定制化改造。

行动建议

企业要想成为编码世界的领导者，除了掌握跨设备互动、隐私和安全等基本技术外，还需要在互联层、体验层和物质层进行广泛的探索、试验和开发。

首先，企业应尽可能提高它们的基础层也就是互联层的水平。其次，在体验层中，企业可以通过建立数字孪生，构建连接数字世界和现实世界之间的桥梁。企业需在纯数字和纯实体体验尚未发展完善的领域进行创新，从而在体验层找到自己的竞争立足点。最后，企业应不断探索物质层的未来技术，并积极与初创企业和大学建立伙伴关系，确保及时掌握最前沿的科技应用。

趋势三：虚实共生——合成但真诚

当人工智能生成的数据和合成内容难辨真伪，对真实性的甄别已成为新的导航标

1966年
麻省理工学院制造出全球第一个聊天机器人ELIZA用以验证图灵测试。

1997年
IBM超级计算机"深蓝"战胜当时的国际象棋世界冠军卡斯帕罗夫（Gary Kasparov）。

2013年
在线新闻网站ProPublica使用AI文本生成软件编写了5.2万篇报道。

2014年
Goodfellow等人发布第一篇关于生成对抗网络GAN的文章。

2020年
OpenAI GPT-3编写的文章与真人作品差异难辨。

2018年
Google发布能够模仿人类语音自动向商家完成电话预订的智能助手Duplex AI。

2018年
一件由GAN生成的艺术品在佳士得拍卖行以43.25万美元的金额成交。

2018年
奥巴马在一段视频中提醒人们识别假新闻，后经证实该视频为Deepfake视频。

2020年
微软、BBC、CBC/Radio-Canada和《纽约时报》发布了媒体来源认证软件Project Origin。

2021年
欧盟发布"可信赖AI"道德准则草案。

2023年
一家标准普尔500指数公司在遭遇虚假信息恶意传播后，当日市值缩水22%。

2026年
欧洲急救服务的应急响应小组都将配备专门的AI分诊助手。

2037年
大型风投公司为可以在AI中保留人类意识的初创公司提供资金支持。

2033年
格莱美奖新增"合成协作"奖项，其中包括"最佳人与AI合作演出奖"。

2030年
用于标准化测试的问题必须使用GPT-5编写。

2028年
大多数服装零售企业为客户提供私人时尚AI助理。

我们正迈向一个合成现实的世界，人工智能生成的数据将真实反映现实世界的场景，企业则成为虚实共生世界的孕育者。2019年埃森哲一项调查发现，84%的首席高管认为人工智能是实现企业增长目标的要素；75%的首席高管认为，如果不能在未来五年内全面扩展AI，企业将面临被行业淘汰的风险。[4]

随着人工智能被赋予更多的协作和创新角色，虚拟与真实的界线逐渐模糊。创建和使用逼真的人工合成数据日益可行。

首先，相比现实世界的数据，合成数据更适用于训练人工智能模型。这些人工数据十分逼真，且便于分享，能够与真实数据一起进行统计。这些数据的优点在于不但保护了隐私，还能更好地体现多样性，有效消除偏见，弥补现实世界数据的缺陷。

其次，合成数据在各个关键维度上更加逼真，具备更趋同于人类的创造力和互动性。随着人工智能日益普及，合成数据也将变得更加类人，方便人们轻松使用并与之互动，在节省宝贵时间和精力的同时，开启新颖独特的体验。

但使用合成数据可能产生潜在风险。迄今为止，合成数据的使用并非完全合理，比如不经意间遗漏重要的信息，或者无法全面、准确、无差别地反映多样化，甚至别有用心的Deepfake和虚假信息都会造成巨大伤害。人们对人工智能的讨论也从虚实结合的利弊，逐渐转为对真实性的关注。

---

4. 埃森哲：2019年11月14日，《人工智能：星火如何燎原》，https://www.accenture.com/us-en/insights/artificial-intelligence/ai-investments。

我们的调研显示，尽管96%的全球高管都表示，其所在企业会验证数据来源，并确保人工智能的真实用途，但全球65%的消费者却表示，难以辨识Deepfake技术生成的视频或其他合成内容，虽然73%的全球消费者及82%的中国消费者认为未来3年内他们将与AI或者AI合成的内容进行更频繁的互动。

技术滥用使得消费者的信任急剧下降。在受访的27个国家中，有17个国家的消费者表示对技术的信任程度降至历史最低。[5]人们对社交媒体的信任度更是亦然，而恶意操控的不法分子则是企业步入合成世界的最大隐患，不仅会对企业经济和声誉造成直接损害，还会破坏人们对企业现有人工智能生态体系的信任。

行动建议

企业应聚焦未来世界的"真诚度"。真诚意味着忠于自我，并能经受住他人的考验。具体而言，就是本着尊重事实的原则使用生成式AI，重视来源、政策、人和目的性。基于这四大原则，企业不仅能够更有信心地使用这些合成数据进行决策，更可以取信于公众，从而更理性、更务实地构建虚实结合的未来。

趋势四: 无限算力——开启新希望

新一代计算机将帮助人类跨越计算门槛，解决世界上最棘手的问题，引发行业颠覆性变革

1965年 戈登·摩尔 (Gordon Moore) 提出摩尔定律。

1994年 彼得·肖尔 (Peter Shor) 提出用于解决整数分解的量子算法。

1999年 量子计算公司D-Wave成立。

2008年 DARPA启动SyNAPSE计划，开发受大脑设计启发的新型神经形态机器。

2014年 以色列科学家利用DNA结构研制出每秒运行速度达330万亿次的生物计算机。

2013年 HR实验室发布的Surfrider神经形态芯片有576个神经元，运行时仅需50毫瓦的功率。

2012年 首个专研量子软件的公司1Qbit成立。

2008年 美国洛斯·阿拉莫斯国家实验室 (Los Alamos National Lab) 安装第一台具有petaflop能力的超级计算机Roadrunner。

2019年 加州理工学院、加州大学戴维斯分校和梅努斯大学的研究人员发布了可重新编程的DNA计算机。

2020年 分布式计算项目Folding@Home算力突破百亿亿次级门槛。

2021年 特斯拉 (Tesla) 推出用于处理视频数据的Dojo超级计算机。

2024年 联合国环境规划署 (UNEP) 宣布会将量子能力用于应对气候变化。

2035年 基于DNA的数据存储成为金融服务行业的标准。

2031年 制造业企业成为神经形态芯片的最大消费者。

2030年 由于量子路线高度效率的提升，大型物流公司运营成本降低了18%。

2028年 Zettascale级别运算问世，超级计算机的信息处理能力将超越人脑。

2025年 印度领先的癌症治疗诊所宣布，使用HPC可获取更好的个性化医疗洞察，将早期癌症诊断率提升至78%。

5. 爱德曼：《爱德曼2021年全球信任度晴雨表 (2021年)》，https://www.edelman.com/sites/g/files/aatuss191/files/2021-03/2021%20Edelman%20Trust%20Barometer%20Tech%20Sector%20Report_0.pdf。

目前，诸多行业均面临难以逾越的"重大挑战"，无论是令物流行业头疼的如何高效实现物品的多点运输，还是金融服务业当中难以预测的股市和准确模拟风险，这些现实挑战阻碍了行业的进一步发展，同时也局限了企业所能提供的核心产品和服务，以及增长战略。

在计算领域，随着新型机器的诞生，上述这些巨大挑战都将迎刃而解。量子计算机是一大利器，但高性能计算机，或称大规模并行处理超级计算机，也可以帮助企业解决传统计算效率过低或成本过高的算力问题。另外，还有受生物信息处理机理启发而来的生物计算机，以和传统计算截然不同的方式存储数据、解决问题或对复杂系统建模。这三种计算将帮助企业突破行业发展瓶颈，为社会创造更大价值。

我们的调研显示，全球69%的企业高管认为，量子计算将为他们的企业带来突破性甚至变革性影响。67%的全球受访消费者和85%的中国受访消费者则同时希望企业能用技术解决广泛而复杂的社会问题，造福于消费者和社会。

过去十年，数字化企业从快速发展走向成熟。埃森哲预计，未来几年，企业或将80%的工作负载迁入云端。数字化转型使企业拥有海量数据，他们急需更强大的算力将这些数据转化为有效洞见，从而帮助其加强运营管控，开创全新的数字业务渠道与模式。毫无疑问，每一次新工具的诞生都伴随着生产力的解放，从而推动行业变革。如今，下一代计算也将成为支撑数字经济发展的坚实基础。

行动建议

企业应了解如何借助新型算力解决自身业务难题，并尽快采取行动，及时把握尚在开发阶段的理论研究，提前展望未来新世界。

在评估这些技术会对未来的运营产生哪些影响之后，企业需要尽早行动，找寻可以应用此项技术填补行业空白的机遇，成为行业变革的领军者。投资技术以增强企业自身技术能力、建立合作伙伴关系、打造卓越人才供应链均是未来要采取的几项关键措施。

埃森哲《技术展望2022——多元宇宙，融合共治》已经发布，扫描下方二维码阅读全文，与我们携手探索。

杜保洛
埃森哲技术服务全球总裁兼首席技术官

马克礼
埃森哲全球副总裁、技术创新和技术研究院全球负责人

迈克尔·比尔兹
埃森哲董事总经理、技术展望负责人

业务垂询：accenture.direct.apc@accenture.com

提要：中国消费下沉市场的高速发展催生了多样化的商业需求，对消费品类、营销策略和触达渠道都产生诸多影响。《埃森哲2022中国下沉市场消费者洞察》以中国下沉市场四大趋势为切入点，提出三大制胜之道，助力企业打造核心竞争力，建立差异化优势。

消费下沉市场：卓越企业的试金石

文　张逊、王晨、向雨彬、魏文思

中国超过七成的人口来自三线及以下城市，即下沉市场。随着中国基础建设推进、物流不断完善以及经济高速发展，下沉市场蕴含巨大的消费潜力。下沉市场的层次性、复杂性和消费者特性，对消费品类、营销策略和触达渠道都产生了诸多影响。

埃森哲着力挖掘不同以往认知的消费特征，呈现下沉市场的独特趋势，希望能够为企业持续繁荣并不断满足人民美好生活需求提供有益借鉴。本次消费者调研以中国三、四、五线城市为样本，覆盖18至60岁的6000名下沉市场消费者。

"新理性"的下沉市场消费者

我们的调研发现，下沉市场消费者呈现出相对"有钱有闲"的生活状态。超过半数的受访者表示自己没有房贷压力，工资在当地足够生活，且有闲暇时间进行放松娱乐；超过80%的受访者有全职工作，工作稳定，加班少。他们的"新理性"特征也极为突出且具特色。其中，30至40岁人群工作较为繁忙，更愿意花钱省时间，更信赖知名品牌和商家，更希望通过消费彰显身份和地位，他们是下沉市场消费购买力升级的主要突破口。

日常消费更旺盛，但不认可月光

平均来看，下沉市场消费者的个人/家庭收入中，有七成受访者表示家庭日常支出占比大于50%，其中食品饮料、服饰鞋帽是主要消费品类（见图一）。但与此同时，下沉市场消费者具有储蓄意识，并不认可月光。94%的下沉市场受访者不认可月光的消费方式，略高于一、二线城市1%和2%。

注重实用性消费，但愿意为颜值买单

相较于一、二线城市，下沉市场消费者为体现社会地位而进行面子消费的意愿较低，更看重经济实用（见图二）。

图一 相比于高线市场，下沉市场消费者在日常消费上表现出更旺盛的意愿

选择了该选项的受访者比例

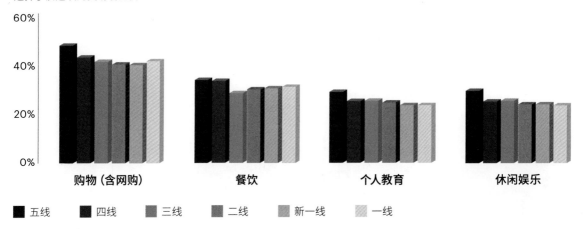

问题：请问您未来一年预计在哪些方面增加消费？（单选）样本量=10140。

数据来源：埃森哲2021中国消费者调研。

图二 下沉市场消费者更看重商品的经济实用属性

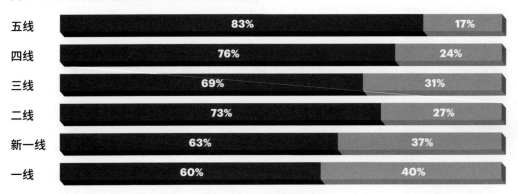

问题：请问以下两个描述中，哪一个更符合您的实际情况？（单选）样本量=10140。

数据来源：埃森哲2021中国消费者调研。

有趣的是，下沉市场消费者很愿意为颜值买单，近八成（78%）下沉市场受访者表示商品的外观设计会激发他们的购物兴趣。价格不再是第一吸引要素，颜值成为第一要义（见图三）。

即使有青睐的品牌，仍热衷于主动体验和多方比较

超过七成下沉市场受访者表示倾向于自己主动体验和比较各种产品，并通过询问亲朋好友、访问小红书等网上测评渠道获取信息，以形成最终的消费决策，他们更愿意经常比较不同品牌，从而做出最合适的决策，即使有青睐的品牌也是如此（见图四）。

图三 价格不再是第一要素，下沉市场"颜值经济"趋势凸显

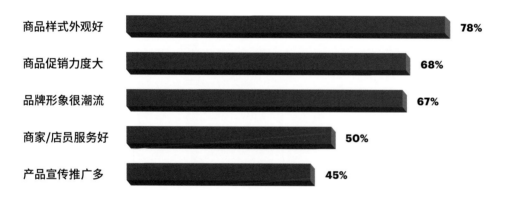

问题：请问以下哪些因素会激发您的购物兴趣？（多选）样本量=6000。

数据来源：埃森哲2021中国下沉市场消费者调研。

图四 下沉市场消费者热衷于自主体验和比较

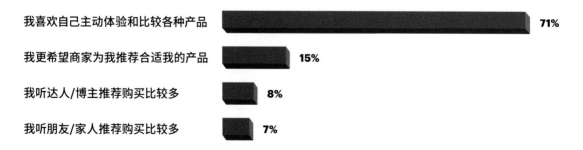

问题：请问以下描述中，哪一个更符合您的实际情况？（单选）样本量=6000。

数据来源：埃森哲2021中国下沉市场消费者调研。

中国下沉市场的四大消费趋势

趋势一: 越下沉越线上

　　相较于一、二线城市，下沉市场消费者更依赖线上渠道，城市线级越低的消费者越关注短视频等内容平台。62%的受访者表示电商平台是其查找信息的首要渠道（见图五），85%的下沉市场受访者表示未来更愿意通过电商平台进行消费，比大型超市或综合商场高出20%，且四、五线城市中未来更愿意通过电商平台消费的比例高于三线城市，而三线城市受访者在大型商超消费的意愿更强。

　　综合商品品类分析，下沉市场消费者更倾向于在线购买服饰鞋帽、3C数码以及美妆护肤等产品，这些也是下沉市场消费升级的主力品类（见图六）。而出于购买频次和售后服务的考量，他们多在线下购买食品饮料、家用电器以及医疗保健等产品。

　　短视频在下沉市场，尤其是35岁以下年轻人中普及度极高，仅有不到10%的受访者表示没有刷抖音和快手的习惯，31至40岁的用户同时热衷于分享（见图七）。下沉市场消费者人群对直播购物的接受度也较高。

> **下沉市场新发现**
>
> 　　下沉市场的线下渠道相对老旧、分销网络建设成本高，与一、二线市场有较大差距。而电商等在线渠道解决了这些痛点，弥补了下线市场与高线市场的差距，同时具有质优价低的优势，因此成为下沉市场消费者的首选。未来，伴随着在线消费习惯养成、新线上渠道推广和线下基础设施建设升级，线上线下融合的新零售模式将改变下沉市场的渠道形态。同时，社交媒体对下沉市场消费者的心智影响与日俱增，如何发挥线上渠道的触达优势，建立符合用户价值观的产品认知，是制胜下沉市场营销的关键所在。

图五 相较于高线市场，下沉市场消费者更依赖线上渠道获取商品信息

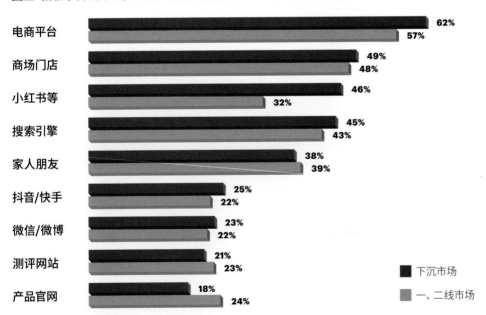

	下沉市场	一、二线市场
电商平台	62%	57%
商场门店	49%	48%
小红书等	46%	32%
搜索引擎	45%	43%
家人朋友	38%	39%
抖音/快手	25%	22%
微信/微博	23%	22%
测评网站	21%	23%
产品官网	18%	24%

问题: 请问您平时主要通过哪些方式来查找商品/服务信息？（多选）样本量=10140。

数据来源: 埃森哲2021中国消费者调研。

图六 服饰鞋帽、美妆护肤和3C数码是下沉市场消费升级三大品类

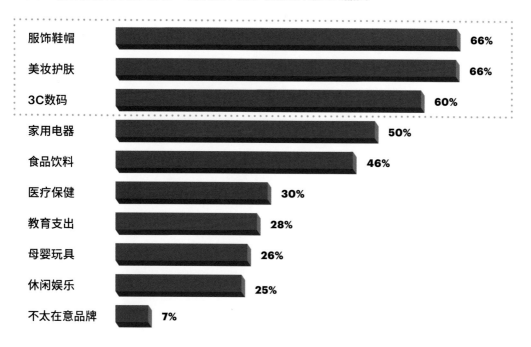

服饰鞋帽	66%
美妆护肤	66%
3C数码	60%
家用电器	50%
食品饮料	46%
医疗保健	30%
教育支出	28%
母婴玩具	26%
休闲娱乐	25%
不太在意品牌	7%

问题: 以下品类中, 请问哪些品类您会倾向品牌商家? (多选) 样本量=6000。

数据来源: 埃森哲2021中国下沉市场消费者调研。

图七 社交媒体对下沉市场各年龄层消费者的影响力极高

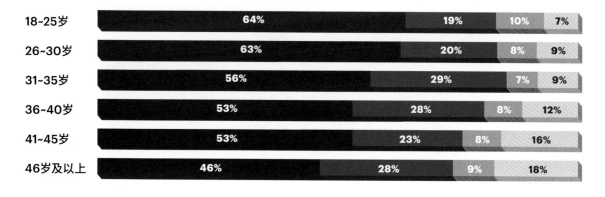

18~25岁	64%	19%	10%	7%
26~30岁	63%	20%	8%	9%
31~35岁	56%	29%	7%	9%
36~40岁	53%	28%	8%	12%
41~45岁	53%	23%	8%	16%
46岁及以上	46%	28%	9%	18%

■ 我经常刷抖音/快手, 但自己不分享　　■ 除了经常刷, 自己也分享视频

■ 我比较少用抖音/快手　　我没有刷抖音/快手的习惯

问题: 请问您对抖音/快手等平台的体验程度如何? (单选) 样本量=6000。

数据来源: 埃森哲2021中国下沉市场消费者调研。

注: 百分比数值为四舍五入后的取整, 可能各项之和不是100%。

趋势二：服务的新潜力

相较于一、二线市场，下沉市场在医疗、教育等领域的服务产品供给显著不足。通过产品化手段将服务标准化，可有效提高医疗、教育服务产品的供给效率和质量。服务产品化市场发展空间巨大。

我们发现91%的下沉市场消费者购买过课外教育服务产品，艺术类培训消费在四、五线城市占比更高。同时我们发现34%的下沉市场消费者尝试过在线医疗服务产品（如手机挂号、在线问诊、线上买药等）并觉得很有用，另有37%的下沉市场消费者表示知道线上医疗服务产品并愿意尝试。市场公开数据显示，"互联网医疗整体用户三线及以下城市占比提升，下沉趋势明显"，也印证了我们的调研结果。[1]

产品服务也日益成为下沉市场消费决策的重要考量因素。原本在一、二线市场中销售的商品逐步渗透至下沉市场，丰富了下沉市场的商品供给。同时，由于经济发展、人民生活水平提升，现在的下沉市场消费者早已不再仅仅关注商品价格，也不仅仅满足于商品本身的使用价值，而是会在购买过程中综合比较商品的功能、质量、服务、价格和品牌等因素。

下沉市场新发现

对于时间充裕、风险偏好小的下沉市场消费者而言，完善的产品服务可有效提升消费者体验。售前、售中的产品体验可以使消费者充分了解产品的功能和质量，提高消费意愿，释放消费需求，促使消费者完成购买。完善的售后服务，可以进一步提高消费者对产品和品牌的信任度，从而建立忠诚度。企业应不断提高产品的功能性、设计性和服务性以满足下沉市场消费者的需求，使质量升起来，服务沉下去。

---

1. Mob研究院：《2021年互联网医疗行业洞察》，https://www.mob.com/mobdata/report/140。

趋势三: 国潮崛起之地

由于国际品牌在下沉市场尚未形成显著的品牌竞争力,在诸多消费品类上,下沉市场消费者对国货品牌支持度更高。近八成的下沉市场受访者表示,优秀的性价比是吸引下沉市场消费者选择一些国货品牌的主要因素(见图八)。

以美妆品类为例,52%的受访者愿意尝试国潮美妆品牌,32%的受访者购买过并高度认可其性价比,该比例在18至35岁的受访者中随年龄增长而增加,且城市线级越低,购买过国潮品牌的比例越高(见图九)。

下沉市场新发现

国货品牌应不断升级自有品牌和产品,充分利用下沉市场消费者对国货品牌的信任优势,以及他们既追求产品性价比又为颜值买单、更看重产品体验的心理特征,建立起品牌和产品的消费基础,快速发展壮大,从而更加自信地参与更广阔市场的竞争,真正推动国潮崛起。

图八 优秀的性价比是吸引下沉市场消费者支持国货的主要原因

选择了该选项的受访者比例

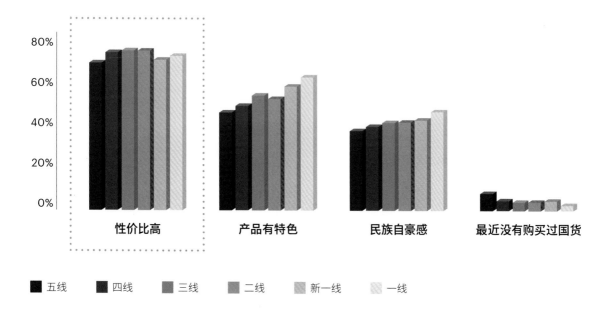

问题: 请问吸引您购买国货品牌的主要原因是?(多选)样本量=10140。
数据来源: 埃森哲2021中国消费者调研。

图九 越下沉，消费者对国产美妆品牌支持度越高

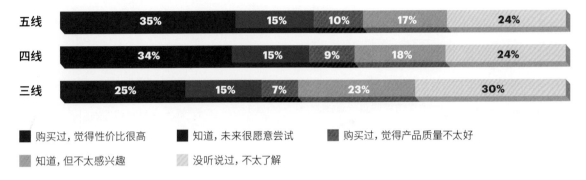

五线	35%	15%	10%	17%	24%
四线	34%	15%	9%	18%	24%
三线	25%	15%	7%	23%	30%

■ 购买过，觉得性价比很高　　■ 知道，未来很愿意尝试　　■ 购买过，觉得产品质量不太好

■ 知道，但不太感兴趣　　■ 没听说过，不太了解

问题：请问您对国产网红护肤彩妆产品（如完美日记、Colorkey、至本等）的体验如何？（单选）样本量=6000。

数据来源：埃森哲2021中国下沉市场消费者调研。

注：百分比数值为四舍五入后的取整，可能各项之和不是100%。

趋势四：会员引爆红利

会员权益的实用性，如价格折扣和关联优惠，是吸引下沉市场消费者加入免费或付费会员的首要因素（见图十）。64%的受访者表示会因为会员折扣、积分送礼等优惠因素加入会员。但五线城市中看重专属会员内容的消费者比例高于三、四线城市，原因是随着城市线级降低，购买游戏会员和充值的比例更多。

相对充裕的闲暇时间和追求娱乐体验的属性激发了下沉市场消费者对平台视频类会员和游戏会员的付费意愿。调研结果显示，视频类会员是下沉市场消费者最多购买的品类，其次是游戏会员和充值（见图十一）。70%的受访者购买过视频和游戏平台付费会员，越下沉，购买游戏会员和充值的比例越高。

图十 下沉市场消费者最看重会员权益实用性

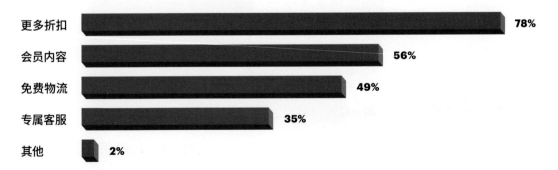

更多折扣	78%
会员内容	56%
免费物流	49%
专属客服	35%
其他	2%

问题：请问您加入平台付费会员希望获得怎样的额外权益呢？（多选）样本量=6000。

数据来源：埃森哲2021中国下沉市场消费者调研。

图十一　相对充裕的闲暇娱乐时间下，下沉市场消费者为娱乐体验付费的意愿高

选择了该选项的受访者比例

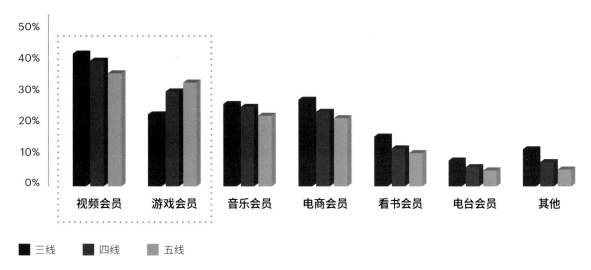

图例：■ 三线　■ 四线　■ 五线

问题：请问您主动购买过以下哪些线上平台付费会员？（多选）样本量=6000。

数据来源：埃森哲2021中国下沉市场消费者调研。

奖励和销售激励可以显著驱动下沉市场用户在分享和推荐上的意愿和行为，提高用户转化和降低获客成本。调研结果显示，30%的受访者愿意在线上平台分享购物体验，其中主要原因是分享后可获得商家奖励。81%的下沉市场受访者表示愿意向他人推荐购买产品，从而获得销售激励。

下沉市场新发现

把握下沉市场的消费者看重权益实用性和易被激励的用户心理，玩转会员营销，是企业收获下沉市场增长红利的重要举措。

制胜下沉市场的企业之道

下沉市场的复杂性和层次性对企业的产品研发、营销策略、运营效率等都提出了诸多挑战。企业必须用动态和发展的眼光看待下沉市场,更加深入地理解下沉市场消费者需求和行为。埃森哲提出三大制胜之道,助力企业打造核心竞争力,建立差异化优势。

持续创新产品与服务

下沉市场不是一、二线市场原有产品的复制,而是有着自身独特的消费和使用场景。企业需要深入理解消费者,持续进行产品创新。同时完善本地服务,优化消费体验,从而提高品牌忠诚度,在下沉市场消费者心智争夺中赢得先机。

案例研究

京东健康持续创新产品与服务,OPPO打造线上线下无缝体验

京东健康通过直播与会议的形式,针对全国基层医务工作者,利用互联网能力开展技能培训和远程帮扶,助力实现基层乡村诊疗水平和质量的提高,让农村居民获得便捷、价廉、安全的医疗健康服务。

而手机厂商OPPO则针对下沉市场,制定了"销服一体"策略,消费者既可以在店内购买产品也能获得手机维修等售后服务。OPPO借助这一策略成功提高了客户满意度,促进了门店销售。

差异化消费者运营

电商平台和社交媒体对下沉市场的影响力与日俱增，直播等新兴渠道兴起。企业需要建立线上分销渠道，创新消费者互动方式，实现用户增长和提高活跃度。同时，企业应利用下沉市场消费者看重会员权益实用性的心理，设计和打造具有吸引力的会员营销体系，促进用户留存和消费。

案例研究

京东App玩转线上互动赢商机，淘宝88VIP构建会员生态增黏性

京东App首页"京东秒杀"作为爆款营销渠道，其中"每日特价"通过爆款低价玩法满足下沉市场价格敏感型消费者的需求，"品牌闪购"则以品牌特卖玩法满足下沉市场消费者的品牌需求。同时，京东也通过瓜分京豆游戏、抢神券、达人直播等玩法，来增加用户数量，提高活跃度。

淘宝88VIP、网易严选等联名会员，在下沉市场均得到了验证。通过购买88VIP会员，消费者不但获得了专属的购物优惠券，还同时享有优酷、虾米、饿了么和淘票票四大会员资格。此举有效提升了会员质量、黏性和数量——每100个88VIP，可以新增38个优酷用户、32个饿了么用户以及27个淘票票用户，同时单个用户交易额也得到了显著提升，这样就进一步提高了阿里生态的用户黏性和价值。

加速数字化技术赋能

下沉市场幅员辽阔、地域差异大、渠道链条长，供应链效率对企业运营成本和效益影响巨大。面对下沉市场消费者多变的需求和快速变化的竞争格局，数字化能力已成为企业在下沉市场立足的关键。

案例研究

伽蓝集团构建数据中台，打造智慧研产供销服链条

2019年始，伽蓝集团发起"业务在线化、数字运营化、营销智能化"三步走的数字化改革，其中数据中台是其改革关键项目，"业务数据化、数据产品化、产品运营化"是伽蓝数据中台建设的路径。

目前该集团已实现从消费者洞察、产品研发、内容创意、智能营销、生产管理、质量管理、物流配送、销售管理以及会员管理等维度的全域数字化。截至2021年，伽蓝集团数字化营收占比已达到88.9%，同比增长49.7%；数字化零售占比达50.6%，同比增长32.5%。旗下品牌自然堂数字化营收占比达到94.7%，数字化零售占比达到53.6%。

下沉市场不是一、二线市场的复制品，也不是所谓的"中低端"市场。企业必须用新全眼光看待这一"蓝海"，着力把握用户需求，强化消费意愿，才能成功制胜下沉市场。而这也将成为检验企业能否持续成就卓越绩效、实现可持续增长的试金石。◢

张逊
埃森哲大中华区战略与咨询董事总经理

王晨
埃森哲大中华区战略与咨询总监

向雨彬
埃森哲大中华区战略与咨询顾问

魏文思
埃森哲大中华区战略与咨询顾问

业务垂询：accenture.direct.apc@accenture.com

智能运营：
实现价值乘数效应

文 李惠红、岳彬

提要：了解自身运营成熟度，应用四大杠杆提升竞争优势，将帮助企业实现价值增长，快速跻身"未来级"智能运营企业行列。

企业在开启转型之前，首先需要了解当前自身的运营成熟度。埃森哲依据过往研究中受访者的回应以及经外部验证的财务绩效数据加以综合分析，将企业运营成熟度划分成四个级别：稳定级、高效级、预测级和未来级（见图一）。而技术、流程、数据和人才这四大杠杆将在不同运营成熟度阶段为企业带来不同的影响（见图二）。

图一 企业运营成熟度的四个级别

	稳定级 基础	高效级 自动化	预测级 洞见驱动	未来级 智能化
技术	基础工具和技术	具有工作流功能的机器人自动化	尖端数据科学	利用人工智能、云技术和区块链赋能
流程	非标准化、碎片化	选择性地采用行业和职能部门领先实践	广泛应用行业和职能领先实践	已实现数字化及转型的端到端流程
数据	孤岛化或不完整	在企业层面进行汇总	利用分析工具获取数据洞见	利用多元数据大规模应用人工智能
人才	仅使用人类员工	机器辅助人类员工完成选定流程	机器辅助人类员工完成大多数流程	知识工作者专注于判断型工作。大规模、敏捷型的员工团队

交易型/递增性 ————————————————————————— 战略型/转型性

重点关注如何改进核心流程、优化质量及合规控制。	具有较高的生产效率。采用经过验证的方法，并部署自动化技术。	着重通过自动化来支持和增强员工创造力，以此为目标部署相关技术和领先实践。	具备更高的运营效率、盈利能力、更出色的利益相关方体验，以及更靓丽的业绩和敏捷性。

*埃森哲经验显示，展现出"未来级"特征的企业，生产力和运营效率的增幅可达50%。

资料来源：埃森哲商业研究院与牛津经济研究院智能运营调研，2020年。

图二 四大杠杆助力企业迈向"未来级"运营成熟度

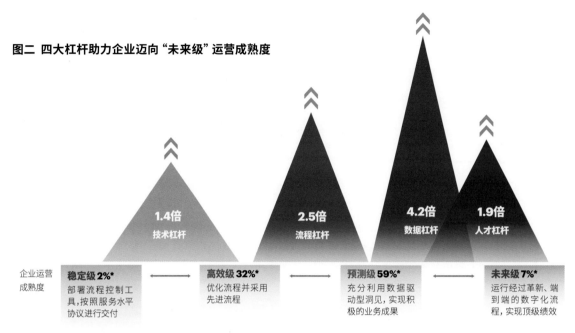

	1.4倍 技术杠杆	2.5倍 流程杠杆	4.2倍 数据杠杆	1.9倍 人才杠杆

企业运营成熟度

稳定级 2%*	高效级 32%*	预测级 59%*	未来级 7%*
部署流程控制工具,按照服务水平协议进行交付	优化流程并采用先进流程	充分利用数据驱动型洞见,实现积极的业务成果	运行经过革新、端到端的数字化流程,实现顶级绩效

*目前处于该成熟度的企业百分比。N=1100。

资料来源:埃森哲商业研究院与牛津经济研究院智能运营调研,2020年。

智能运营,势在必行

打造"未来级"运营能力于企业而言意味着什么?除了大幅提升效率和盈利能力之外,"未来级"企业还将在众多具有重大业务影响的领域脱颖而出,引领行业动向。

通过与埃森哲此前的调研结果相比对,我们发现,虽然无论处于何种成熟度水平,企业均能在运营转型过程中收获可观的经济效益,但"未来级"企业在过去三年中,每项业务领域均取得了更显著进步。如图三所示,企业由"稳定级"或"高效级"向"未来级"转型的过程中,从数据中获取的商业价值与产品及服务创新速度均提升了1.5倍;同时,企业员工的参与度和保留度与以往相比提升了1.8倍。

图三 "未来级"企业在众多业务领域中均有突出表现

在这些关键业务领域中，"未来级"企业在过去三年里取得了显著进步。

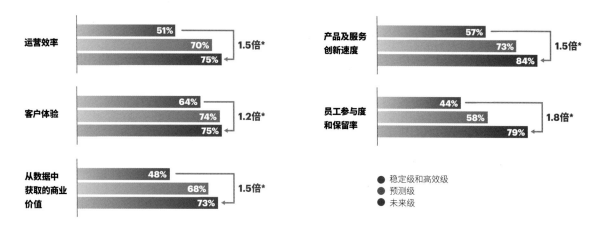

*企业由稳定级和高效级向未来级转型过程中的乘数效应。N=1100。

资料来源：埃森哲商业研究院与牛津经济研究院智能运营调研，2020年。

运营成熟度的提升也将为企业带来丰厚回报。据我们估算，假设所有企业的运营成熟度都能提升一个级别，从税息折旧及摊销前利润（EBITDA）角度衡量，全球盈利便可增加17%。由此可见，调整运营中的四大杠杆对企业未来发展有着深远影响。

值得注意的是，无论企业当前处于何种运营成熟度，一旦四大杠杆同时发力，其在未来三年跻身"未来级"企业的可能性将提高一倍，与此同时，晋升下一级别的概率将跃升至14.2倍，而企业运营成熟度每提升一个级别，整体盈利水平将增加1.2倍（见图四）。

图四 综合应用四大杠杆，大幅提升盈利能力

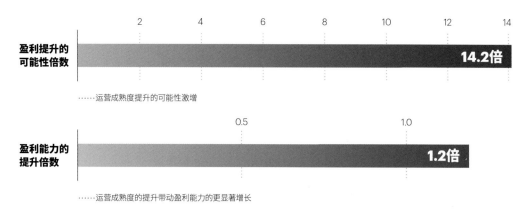

N= 1100。

资料来源：埃森哲商业研究院与牛津经济研究院智能运营调研，2020年。

一家国际保险企业与埃森哲合作，实现了采购和财务运营转型。通过优化数据、采用新技术和人才，该企业重塑了采购和财务职能。此举不仅提高了企业的数据化、自动化和数字化水平，还营造了更加良好的运营环境：员工能够智能地开展工作，迅速扩展业务规模，并提高生产效率。一年内，该企业便增加现金流3亿美元，同时节省开支1350万美元。[1]

协同四大杠杆，实现运营突破

运营转型无法一蹴而就，需要坚持长期主义；同时，应推进多项举措，以求获得巨大的倍增效应。如何合理、有序地调配四大杠杆协同运作是企业能否实现颠覆的关键。

技术杠杆

技术杠杆包括实现自动化、采用新的技术解决方案以及业务部门与IT部门之间的通力协作。通过增强技术能力，企业运营成熟度由"稳定级"上升至"高效级"或更高级别的可能性将提高1.4倍，并通常在提升运营成熟度初期，发挥作用最为显著。就

扩大自动化规模而言，技术（60%）和预算（43%）是"稳定级"或"高效级"企业首要面临的两大难题，而"预测级"或"未来级"企业则更多地聚焦在战略突破。

与"稳定级"和"高效级"企业相比，"预测级"和"未来级"企业更加认同自动化（包括人机协作）会对企业危机响应能力（如新冠肺炎疫情）产生积极影响，该比率较前者高出1.2倍。显然，对于寻求提升运营成熟度的企业而言，某一特定技术领域具有尤为重要的意义：90%的"未来级"企业倾向于大规模应用云技术，而仅有76%的其他企业采取了同样行动。

应用方式

- 在企业中扩大机器人流程自动化规模，并通过工作统筹和软件即服务（SaaS）解决方案等技术提高效率。

- 坚持云优先，扩大在报告和分析、数据科学和人工智能领域的投资规模。

- 鼓励IT部门和业务部门之间积极合作，推动企业制定战略路线图并开展相关执行工作。

---

1. 埃森哲：《数据驱动型运营能使企业现金流增加3亿美元》，https://www.accenture.com/us-en/case-studies/operations/real-time-insights。

案例研究

为了提升竞争力和更好地服务客户，一家欧洲银行与埃森哲合作实现了财务运营转型升级。该行从简化应付款、应收款、报告和治理流程入手，逐步深入至支付处理、保理业务和文件管理服务等领域，以数字化和自动化流程取代传统人工纸质流程，同时辅以合规性检查。此举不仅提高了该行的运营效率，还将其生产力提升了50%——特别是在当前无接触服务的合规检查中，工作效率改善幅度达70%。借助分析工具和基于数据的洞见，员工能够解决复杂问题，更好地预测客户需求，持续保持市场竞争力。[2]

流程杠杆

流程杠杆包括应用领先实践和标杆分析法，以及实施客户、员工和业务伙伴体验管理方案。提升流程能力，可将企业运营成熟度由"高效级"向"预测级"进阶的最大可能性提高2.5倍，数据杠杆则以2.4倍的提升幅度紧随其后。在埃森哲调研中，企业普遍将结构和战略视为扩大流程能力的要务，如领先实践、利益相关方体验等。40%的企业预计，客户、员工和合作伙伴体验管理战略将在未来三年内得到大规模应用。

应用方式

- 在企业各业务流程中广泛使用职能领域和行业内的领先实践。

- 以行业"领军者"为绩效目标，同时利用内、外部标杆推动流程改进。

- 在企业高管的支持下，实施体验测量和管理计划。

案例研究

全球疫苗免疫联盟（Gavi）与埃森哲合作，为其倡导的公平获取新冠肺炎疫苗实施计划（COVAX）相关项目提供财务运营支持。双方紧密配合，为联盟合作伙伴、制造商、政府和其他组织的相关工作明确运营模式和标准化流程。该项目还将着眼于加强服务管理和治理流程等领域的运营合规性，以改善交易层面的服务质量和绩效监测，提高企业流程可视性。[3]

数据杠杆

数据杠杆包括借助数据应用、分析工具和人工智能，提升业务绩效和利益相关方体验。提高数据能力对企业运营成熟度影响巨大：从"预测级"跃升至"未来级"的可能性将增加4.2倍，从"稳定级"进步至"高效级"的可能性则可上升2.5倍。

埃森哲研究表明，就数据规模化、分析工具和人工智能的应用规模而言，"稳定级"或"高效级"企业面临的首要挑战是技术和预算。而对于已颇具数据规模化的"预测级"和"未来级"企业而言，战略和组织结构才是最大挑战。出现这一差距的原因或在于，71%的"未来级"企业认为，在设计运营模式的过程中，数据远比经验更为重要。而持相同观点的"稳定级"或"高效级"企业仅占54%。同时，71%的"未来级"企业十分重视数据科学和人工智能，但在"稳定级""高效级"和"预测级"企业中，采用这一做法和持此态度的企业占比则为50%。

应用方式

- 加速内外部数据聚合，提高云端数据的可用性以支持分析、数据科学和人工智能的使用。

- 扩大按需提供的个性化分析应用规模，推动洞见的形成，为决策提供依据。

- 建立包含人才和技术战略的人工智能路线图，助力企业在组织内部更广泛地部署人工智能。

2. 埃森哲：《一家欧洲银行提升了超40%的生产力》，https://www.accenture.com/us-en/case-studies/operations/bank-boosts-productivity。

3. 埃森哲：《人人都能公平快速获得疫苗》，https://www.accenture.com/gb-en/casestudies/operations/equitable-vaccine-access。

一家电信设备制造商的业务遍及全球90多个国家，为实现精益化、灵活化、智能化的零部件规划和保修管理流程，该公司与埃森哲携手推出了"保修即服务"解决方案，加速了端到端保修请求处理。通过此举，该公司不仅能够预测客户的手机备件需求，还可以更加有效地管理库存。该公司利用机器学习系统来辅助确认备件需求的产生时间、地点和对象，其预测水平实现了质的飞跃，准确率达到75%，保修申请的处理速度也提高了40%。同时，埃森哲还帮助该公司简化了操作流程，强化了客户服务，从而实现了每年节约成本1000万美元的目标。[4]

人才杠杆

人才杠杆包括实施人才战略、释放人机协作潜能以及充分利用专业人才或人才生态系统的优势。增强人才能力，将使企业成熟度从"预测级"跃升至"未来级"的可能性提高1.9倍。在企业运营成熟度发展的整个过程中，人才始终至关重要，尤其对于实现"未来级"跨越的企业来说。

对处于运营成熟度早期的企业而言，预算难免会制约其扩建敏捷型员工队伍的能力，在组织结构（帮助员工实现跨职能流动）和战略（利用机器增强人力）方面亦然。过去三年里，与其他成熟度级别相比，"未来级"企业在员工人才组合和再培训方面的绩效提高了1.2倍，这在新冠疫情反复、全球企业面临巨大受冲击的背景下，实属不易。

应用方式

- 在业务流程中借助机器（自动化、技术、分析工具、人工智能）赋能人类工作。

- 加强与相关专业人才（数据科学家、人工智能从业者、设计思维专家、产品经理）的融合，促进持续创新。

- 建立内部人才市场，实现按需协作和员工跨部门流动。

---

4. 埃森哲：《电信企业凭借售后运营实现显著增长》，https://www.accenture.com/us-en/case-studies/operations/aftermarket-operations。

案例研究

一家北美抵押贷款公司与埃森哲合作，建立敏捷员工队伍以及全新运营政策和治理模式。凭借50多台自动化设备、全新贷款发放平台、贷款人优化面板和其他工具，该公司的市场份额增长了180%，同时节省了6000万美元开支，并提升了客户服务效率及效力，将申请到放款周转时长缩短43%，审批效率提高30%等。如今，该公司稳居行业前沿，拥有更加高效的业务流程、响应敏捷的员工队伍以及可投向未来增长的资金节约。[5]

面向未来，立即行动

企业运营之道绝无"放之四海皆准"的万全之策，对不同规模的企业而言，通往"未来级"成熟运营的旅程或许也各不相同。但在这一过程中，结合自身发展愿景，合理规划运营转型蓝图，找到正确的发力点无疑会加速整体的变革进程，尤其是在盈利能力和运营效率受到挑战的紧要关头。通过深入调查和经验研究，我们总结出以下举措，供企业在实现成熟运营过程中考量。✎

稳定级到高效级

- 开发治理模式，制定业务部门与IT部门合作路线图
- 对流程和成果进行标准化分析，并在业务流程中部署职能/行业内的领先实践
- 利用基础报告和分析工具，培育数据文化
- 以机器赋能人类员工

关键人才：技术和流程专家

高效级到预测级

- 通过工作统筹、分析工具和专门的解决方案提高自动化水平
- 扩大体验测量和管理计划的实施规模，应用先进分析工具，推动实现业务成果开发内部人才市场，实现按需协作

关键人才：分析专家、业务顾问

预测级到未来级

- 广泛应用自动化、分析工具和人工智能，并专注于部署先进技术以产生颠覆性影响，以实现卓越绩效为目标，重塑业务流程
- 利用多样化数据，广泛应用数据科学和获取人工智能驱动的实时洞见，嵌入专业人才，充分发挥生态系统合作伙伴的作用

关键人才：数据科学家、创新领袖

李惠红
埃森哲智能运营事业部亚太、非洲和中东地区总裁

岳彬
埃森哲大中华区智能运营事业部总裁

业务垂询：accenture.direct.apc@accenture.com

5. 埃森哲：《北美抵押贷款机构释放6000万美元储蓄》，https://www.accenture.com/us-en/case-studies/operations/lender-reimagines-operations。

提要: 技术的飞速进步给企业的IT部门带来了巨大挑战, 陈旧的技术和技能阻碍了企业用"云"重塑业务的脚步。而构建面向未来的现代化IT基础设施和运营交付, 则是破局之道。

以现代化IT基础设施深挖用"云"价值

文 | 崔东博

从多云、混合云，到人工智能（AI）、机器学习（ML），再到边缘计算，技术的进步为企业释放了无数创造商业价值的新机遇。但与此同时，企业的IT部门却面临困境：它们需要用陈旧的技术和技能，去支持愈加严苛、复杂的业务需求，有些甚至在当前的基础设施环境下无法实现。IT服务化和"基础设施即代码"的趋势，也让许多企业倍感头疼。它们希望冲破这一困局，但又对业务和旧有基础设施解耦感到力不从心。

阻碍企业基础设施演进的五大障碍

传统数据中心。企业决定投资购买、维护和管理自己的数据中心，但这是一项开支巨大的长期投入，而且不符合可持续发展目标。

持有硬件资产。购买折旧年限为三到五年的资产或有租赁合同的资产，会占用原本可用于上"云"的预算。

软件许可。许多企业把35%~55%的IT预算都花费在软件上。但很多软件是多余的，尤其对于孤岛式管理或缺乏治理的企业而言。

人才负债。多年来，大部分IT组织都在员工培训和认证方面大量投资。但随着数字技术的飞速发展，持续为人才提供新技能的学习机会、帮助他们保持业务相关性和竞争力变得困难重重。

大型机遗留平台。"云"能够快速为应用程序扩容，但由于很多企业没有进行大规模的现代化改造，仍旧依赖遗留的大型机平台处理重要业务。

面对"软件定义一切"的大趋势，企业迫切需要构建能够持续创新、优化的自动化基础设施，包括配备人工智能的自动化技术、自助服务工具和数字化技能套件——从硬件采购为主的资本密集型基础设施，向软件定义的智能基础设施演进。这种新型现代化基础设施使得企业可以紧跟变化的节奏，加快转型步伐。但同时，它也要求企业改变包括计算、网络、工作场所和数据平台在内的基础设施的构建、开发和运营模式（见图一）。

图一 新型现代化基础设施框架

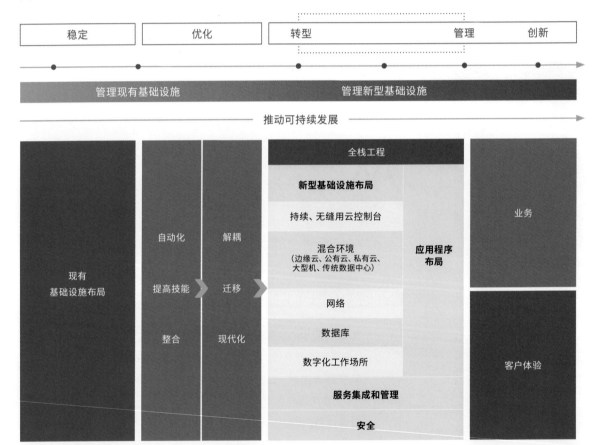

现代化基础设施的五大特点
(1) 可消耗、可自动化、可随时为开发运维一体化(DevOps)提供支持。
(2) 可根据需要将工作负载和数据推到合适的"云"底层框架(Landing Zone)上。
(3) 由无缝集成的、软件驱动的企业安全网络提供支持，即"基础设施即代码"。
(4) 能解决工作场所中涉及的人员、物理和数字空间等问题，适时适地为员工提供新洞察。
(5) 跨功能、技术和服务对基础设施进行管理和赋能。

埃森哲打造现代化基础设施方法论

埃森哲采用**稳定—优化—转型**方法，系统性地帮助企业明确自身面临的挑战，以选择合适路径进行转型。其优势在于转型时机灵活，企业可以先加强运营稳定性并进行优化，再择机转型。

稳定。 企业应着力打造核心基本技能，引进自动化能力，提高质量、降低成本，提升运营环境的稳定性，为支持混合环境下的多速运营模式打基础。

优化。 释放资金、人力，为开展全栈创新开路。对基础设施布局进行持续再造，与战略业务目标保持一致。

转型。 在推进基础设施布局再造的同时，打造全新用"云"能力，释放价值、加速创新。

挖掘用"云"价值的三大核心能力

精心设计基础设施布局对企业挖掘用"云"价值至关重要。尽管并没有一个放之四海而皆准的方法，但企业需掌握以下核心能力。

人才技能需到位。 埃森哲研究显示，同时实现了技术转型和人才转型的上"云"领军企业，其"云"投资回报率（ROI）比仅专注于技术转型的企业高60%。人才转型对于企业而言，意味着需要在"云"的运营模式下，保证各部门员工之间的拉通与协作，提升企业基础设施部门人才的跨学科"云"技能，以及通过明确期望、调整绩效指标、设立相应激励机制等措施，推动基础设施部门员工拥抱新的工作方式。

"云"底层框架需正确搭建。 在新的混合环境或多"云"环境中，企业需要找到合适的"云"底层框架，使得运行在其上的各种应用程序赋能价值实现。企业应以基础设施使用者的需求为导向，这意味着IT部门需要以用户、应用和数据为中心构建合适的基础设施。只有这样，企业才能摆脱数据中心的桎梏，同时兼顾价值潜力和迁移成本等因素。埃森哲7R方法为企业的上述决策提供了指导框架。

"云"安全需高度重视。 许多企业误以为"云"服务提供商负责安全管理，导致安全性常常被忽视。其实不然，高效的"云"安全模式是可共享、多维度和可协作的。这种模式引入主动合规措施、采用自动化和自我修复流程、利用加速器等，快速部署安全能力，因此，在项目最初便能够获得安全保障。

埃森哲"云"迁移战略7R方法论

(1) 淘汰（Retire）不再需要的应用程序。

(2) 在本地保留（Retain）过于复杂或迁移成本高昂的应用程序。

(3) 在云端快速重新托管（Rehost）应用程序。

(4) 将需要在云端不同操作系统中运行的应用程序进行平台更新（Replatform）。

(5) 用更好、更便宜的SaaS解决方案对应用程序进行替代（Replace）。

(6) 对需要修改大量代码才能上"云"的应用程序进行重构（Refactor），并按需解耦。

(7) 重新定义和强化核心价值主张，对业务流程进行重新镜像（Reimagine），充分发挥上"云"优势。

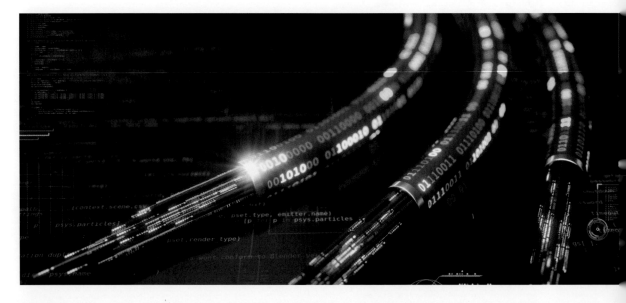

实现无缝用"云"的三大保障要素

尽管构建混合型基础设施为企业用"云"打下了坚实的基础。但这并不是决定企业转型成功的唯一因素，企业若能同时保障以下三大要素，将显著降低转型风险。

构建支撑企业未来用"云"需求的网络。基于"云"的工作负载不断增加，越来越多的数据在企业内部流转，网络不畅极易变成瓶颈，影响系统性能，给员工造成不便。而随着网络变得更加自动化、集成化和软件定义化，尤其是SD-WAN技术将网络转化为平台以及改善蜂窝网络连接的5G接入手段的普及，企业能以更快、更自动、更高效灵活的方式进行网络配置和管理，并能解决很多之前遗留的安全问题。例如，埃森哲已经将网络转变为"云优先"模式。通过采用高度自动化、软件定义的零信任模式，让"云"更加贴近员工，顺利实现移动办公和虚拟办公，解决了员工因疫情不便进入办公室的难题。

打造理想的工作场所。企业的基础设施对员工、物理环境和数字环境等都将产生影响，若企业能充分利用不断提高的算力和数据量，适时、适宜地通过设备和平台为员工提供洞察，将减少工作中的不顺畅。

领军企业已经开始大范围应用自动化，赋予员工更多的控制权，通过实施低代码或零代码平台增强员工的自主决策，实现流程自动化或利用数据解决业务问题。有的企业通过构建集中运营中心或借助外部供应商（如埃森哲与微软的合资公司埃维诺旗下的生产力工作室）的力量，实施"流程改进即服务"模式。

企业还能以全新的方式对员工进行验证和赋能。例如，通过数字孪生技术，企业不但可以实时了解办公室的使用情况，还可以实时了解员工技能和工作满意度，并发出提前预警。而通过使用智能手机访问物理空间和数字空间，为远程工作人员带来增强现实体验、打造集成式数字办公空间，使员工在任何环境中都能轻松获得工作所需的资源。

在用"云"过程中协调好IT基础设施。为了能够充分挖掘"云"的潜力，企业必须重新审视其管理平台和操作模式，摒弃高成本、易出错的传统人工工作方式。因而，许多企业都希望实施"云"管理平台，以增强IT环境的稳定性和可控性，并提升自身创新和增长能力的敏捷性。

"云"管理平台能帮助企业实施更严格的安全和合规措施，全面提高基础设施各部分的透明度，对"云"环境进行有效管理。最重要的是，这还能够让云成本合理优化（FinOps）成为可能，从而增强"云"基础设施决策的财务透明度和责任机制，对开支进行有效管控。随着云概念的不断扩展，企业还需将"云"管理平台的概念演进为持续、无缝用"云"控制台，在制定云战略时不仅关注技术本身，还要全面考量企业纷繁复杂的方方面面，在持续、无缝用云控制台的助力下，企业可以对整个基础设施布局进行统筹，解锁全新的敏捷运营模式，加速创新变现周期，并为客户和员工带来更新、更好的体验。

构建面向未来的现代化IT基础设施以充分挖掘用"云"价值是企业IT自然演进的结果。反之，企业可以通过善用各种"云"能力构建面向未来的基础设施，并通过巧妙平衡基础设施、网络、员工和工作场所等要素，在实现"云"上无缝运营的同时，赋能持续创新，助力企业重塑业务，构建明日竞争力。

崔东博
埃森哲大中华区企业技术创新事业部董事总经理
云基础设施业务主管

业务垂询: accenture.direct.apc@accenture.com

挖掘浩瀚数据潜力,加速AI规模化应用

文 陈泽奇

提要：充分挖掘数据潜力，加速AI规模化应用，形成数据驱动的智能决策能力，是当下企业转型的重要目标。

新冠疫情深刻改变了人们的工作和生活方式，也加快了企业数字转型的步伐。在这一过程中，人工智能等新兴技术得到了更广泛的探索与应用。2021年，埃森哲面向全球20个行业4300名高管的调研显示，随着新冠疫情的常态化发展，59%的企业已加大在人工智能和机器学习上的投入。[1]埃森哲与Frontier Economics预测，到2035年，人工智能可让企业的盈利能力平均提高38%；其中，住宿和餐饮服务、批发与零售以及生产制造等行业的提升非常显著，分别为74%、59%和39%。[2]

毫无疑问，企业已经看到人工智能在优化用户与员工体验、提升运营效率以及驱动商业模式转型等方面的广阔前景。然而，大多数企业并未能充分释放人工智能投资应有的价值。国际数据公司（IDC）指出，2021年，72%的中国企业仍在人工智能单点试验或局部落地的阶段踌躇不前，并未持续深入地部署企业智能化转型（见图一）。[3]

图一 中国企业AI成熟度各阶段分布

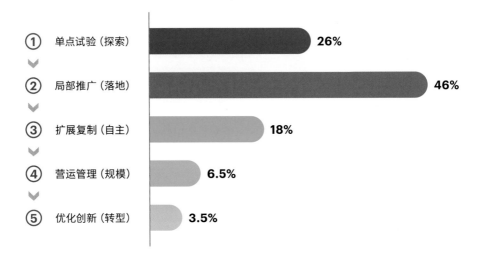

- ① 单点试验（探索） 26%
- ② 局部推广（落地） 46%
- ③ 扩展复制（自主） 18%
- ④ 营运管理（规模） 6.5%
- ⑤ 优化创新（转型） 3.5%

资料来源：《2020—2021年中国企业AI成熟度研究报告》，IDC，2021年。

1. 埃森哲：《跨越发展，领军未来》，2021年。
2. 埃森哲与Frontier Economy：《AI如何大力推动行业经济发展和创新》，2017年。
3. IDC：《2020—2021中国企业AI成熟度研究报告》，2021年。

事实上，规模化人工智能是企业进一步释放其价值的关键。成功推广人工智能不但能结构性地改变业务内容和工作方式，全面提升效率与体验，还将推动企业市场溢价。此外，与仍在从事单项概念验证的企业相比，从战略层面规模化推广人工智能的组织可实现近3倍的投资回报率。[4]

数据，企业规模化AI的"起跑线"

埃森哲认为，规模化人工智能的路径不尽相同，但起跑线都在"数据"之上。全球90%的数据是在过去10年间生成的，到2025年，全球数据总量将会达到175ZB。[5]数据的爆发性增长为企业应用人工智能带来了丰富的资源，同时也对企业采集、存储、分析和配置数据带来了新的挑战。企业需构建成熟的、面向人工智能的数据筛选和分析能力、治理框架，通过自动化的方式，实时采集符合要求的内外部数据，才能支持人工智能在业务流程上的规模化应用，进而开拓新的增长机遇。换言之，以数据为关键要素，形成数据驱动的智能决策能力，是当下企业转型的重要目标。

然而，成为数据驱动的企业并非易事。自疫情至今，仅17%的企业管理层认为他们拥有足够的信息与洞察，用于驱动智能决策；81%的企业因缺乏数据战略而未能充分释放数据资产的潜力。[6]IDC指出，中国只有22%的企业可较好地定义应用人工智能的数据要求，建立了初步的数据质量标准和数据质量提升机制，能够针对特定业务场景构建数据采集方案，并从模型方案角度分析所需数据。[7]

三大行动应对规模化AI挑战

埃森哲与麻省理工学院在2021年针对全球首席数字官的调研指出：企业在推动数据战略、实现数据愿景的过程中，最大的挑战分别为专业人才匮乏（53%）、企业文化因素导致新技术推广缓慢（47%），以及缺少长期投资（43%）。

图二 企业推动数据战略过程中的挑战

挑战	百分比
缺乏专业人才	53%
企业文化因素导致技术创新推广缓慢	47%
缺乏长期投资	44%
业务部门之间的资源竞争	42%
技术孤岛	37%
管理层对数据投资和管理的权责不明确	33%
管理层认为数据投资和管理只会带来支出	32%
数据质量难以提高	32%

资料来源：CDO Survey Results，埃森哲与麻省理工学院，2021年。

4. 埃森哲：《中国企业人工智能应用之道：从"浅尝试"到"规模化"》，2019年。
5. 埃森哲：《弥合数据落差》，2021年。
6. 埃森哲：数据分析服务与解决方案，2021年。
7. IDC：《2020—2021年中国企业AI成熟度研究报告》，2021年。

有鉴于此，企业需兼顾短期和长期因素，确保数据战略与业务目标的高度一致，调整全企业系统以支持数据驱动型决策，并且培育人才和数据文化来助推人工智能规模化落地，使整个企业能够更迅速地收获数字转型的价值。

价值导向的战略愿景

企业管理层必须立足未来，以价值为导向，加快建设从被动响应到主动预测的商业模式。他们须为此制定具有前瞻性的人工智能和数据战略，在组织内部清晰传达，并在落地过程中动态监测，确保企业按照既定目标与计划前进。

例如，一家总部位于香港的跨国保险公司，通过评估企业在人工智能能力、运营模式、数据治理、数据质量、人工智能道德、业务采用和产生的价值等方面所处的位置，对标行业领军者优化人工智能战略和商业用例，拟定了15项改进措施，并制定了未来三年的发展路线图，期望加速成为一家人工智能驱动的数字化保险企业。日本电信运营商KDDI则与埃森哲联手创建了ARISE Analytics公司，将尖端人工智能和数据科学相结合，挖掘可以提升电信公司客户体验的洞见，并与合作伙伴探讨将该技术推广到诸如优化出租车服务和简化工业维护等领域的可能性，从而开启崭新的业务增长模式。[8]

数据驱动的智能技术组合

面对海量数据，传统的管理系统架构往往会阻碍企业最大限度挖掘人工智能价值，因此，企业还需要在云端构建跨职能平台，让安全、统一、真实的数据，贯通业务流程与员工体验的每一环节，并与可量化的业务成果全面联系在一起。

泰国汇商银行利用云升级了数据环境，简化数据和分析结果的访问和使用，为不同部门、不同职能的员工提供决策所需的洞察。例如，为了改善ATM现金管理，该团队将人工智能和先进的机器学习技术相结合，分析了1200多万个交易数据点和200多个变量（如地点、发薪日、季节和节假日等），以确定每个ATM的最佳现金水平。该公司还实施了专项计划，为有效、安全地使用数据和分析工具创建明确的指导原则。通过这些举措，泰国汇商银行能够利用源源不断的数据，持续支持业务发展。

可持续的文化与人才建设

文化与人才是推动组织创新的重要因素。规模化推广人工智能必须从企业顶层开始，但绝不能止步于此。为了触达各个层面的员工，应通过全面的变革管理计划，在企业文化中注入创新动能。

某全球高科技企业为实现人工智能的规模化应用，创新性地成立了跨学科首席数据官团队，负责统筹建设集团各业务发展所需的数字化体系共性资源与能力，填补企业数字化变革和数字技术变现之间的断层，推动人工智能应用开发团队与业务部门的协同。在团队的努力下，企业很快实现了人工智能应用与业务的无缝结合以及在多业态模式下，业务的精益管理和智能管理。此外，开发团队和业务部门的协同也确保了业务稳定连续和灵活决策。

展望未来，人工智能将对商业世界产生更加深远的影响。各行各业都在投入资金开发人工智能，从而不断优化产品和服务，提升核心竞争力，并通过探索新的业务模式推动企业明智转型。企业需尽快行动起来，以数据作为燃料，从战略远景、技术组合和能力建设等方面着手，为规模化应用人工智能提供动能，打造价值闭环，引领企业增长。◢

陈泽奇
埃森哲大中华区董事总经理、应用智能主管兼首席数据科学家

业务垂询：accenture.direct.apc@accenture.com

---

8. 埃森哲：《数据驱动，澎湃动能：云上智能加速企业敏捷创新》，2021年。

数字赋能配电企业
绿色转型

文 王靖

提要： 面对新型低碳能源技术部署引发的运营颠覆，配电企业应当积极采取行动，做好全面准备，打造面向未来的数据驱动型智能配电系统。

能源转型是一股不可阻挡的颠覆性力量，这也为配电企业创造了机会，使其可以重整业务，为可持续增长奠定基础。对于半个世纪以来从未经历重大变化的配电行业而言，这意味着根本性的变革，并有望创造巨大新价值。

业务改进的机会已然出现（见图一）。为管理日益分散的电网而进行的数字化转型将为所有配电企业带来价值。数字化是未来配电行业的主要加速器，也将是行业的黏合剂，但仅靠技术还无法实现这一愿景，创新员工体验同样重要。配电企业需要改变他们的工作环境，吸引和保留新技能人才，包括数据科学工作者。

最重要的是，从集中式发电转向分布式发电后，配电网络将被置于电力系统的中心，需要有新角色来管理能源转型对电力批发和系统辅助服务的重大影响。例如，一些配电企业已经在试行向输电系统运营商销售平衡服务，来维持系统稳定性。事实上，随着分布式发电的不断并入，主动运营配电系统和并网分布式能源将对供电稳定性至关重要。

埃森哲全球数字化电网研究项目2021年高管调查显示，在全球200位受访高管中，88%的高管希望在未来五年内至少实现适度扩展相关资产或服务，以提升系统灵活性；半数受访者则计划大力发展（见图二、图三）。

图一 配电企业在能源转型下的能力提升

扩大现有的监管资产基础	在配电及其他领域开发新资产和服务	支持数据驱动的性能提升	重塑员工体验	释放系统价值
• 分布式发电的并网和电力增容	• 必要时，将业务扩展到并网储能、电动汽车充电基础设施和灵活性平台	• 电网可靠性提升	• 员工技能转型并吸引新人	• 配电网络是未来能源系统的核心
• 支持需求增长的一般电力增容措施（比如电动汽车）	• 支持开发以零售为中心的新型产品：能源效率、能源管理、分布式发电、储能和电动汽车	• 更准确地识别技术和非技术损失	• 引入持续学习	• 系统价值体现能源转型的经济、环境、社会和技术价值
• 这两者都会增加配电企业的受监管资产基础		• 对极端天气事件做出更有效的响应	• 提高员工敬业度	
• 如果监管机构限制增加受监管资产基础，可能会产生问题		• 提高网络韧性	• 促进创新	
			• 鼓励创造性思维	
			• 提高数据分析能力	

图二 未来五年内提升配电业务灵活性需要重点关注的几大方面

全球200名受访者中,认为以下方面优先级高的百分比

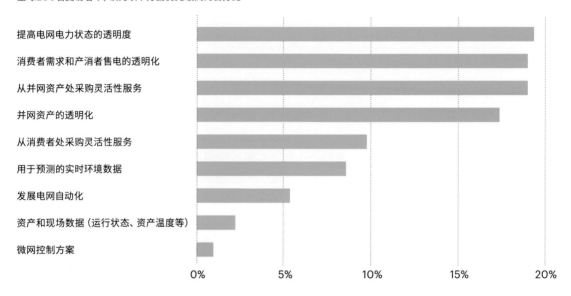

资料来源: 埃森哲数字化电网研究项目2021年高管调研。

图三 未来五年,高管希望在以下领域扩大资产和服务范围

全球200名受访者中,认为以下方面优先级高的百分比

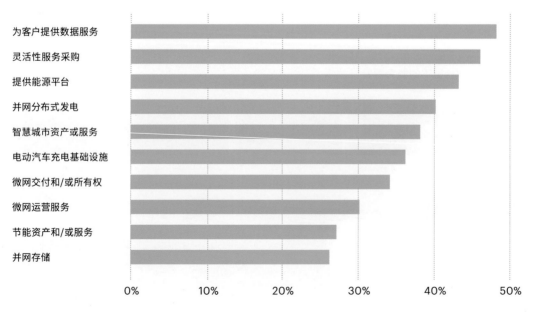

资料来源: 埃森哲数字化电网研究项目2021年高管调研。

颠覆，一触即发

尽管向新业务模式的转变是渐进式的，但能源转型的过程绝非线性。如果在现有电网基础上继续部署更多的分布式能源，将触发临界点，造成严重的运营颠覆。

78%的配电企业高管预计能源转型会触发这个临界点，86%的配电企业高管认为他们的业务将在未来十年内迎来颠覆的临界点。而且，所有受访者均指出，他们已经在经历与能源转型相关的某种形式的颠覆，四分之三的受访者表示这种颠覆的影响巨大，且大多数受访者认为这个临界点将由分布式发电引起。

因此有必要做好万全准备，迎接临界点的到来。鉴于低碳技术的诸多部署特性，在一年之内，本地分布式发电的部署就有可能在部分配电网络中触发临界点，而其他则可能需要三到五年，甚至十年。

分布式发电并非均匀部署在电网，因而难以管理。在建筑类型和人口分布的驱动下，低碳技术（尤其是产消合一型光伏和电动汽车）将呈现明显的集群效应。配电企业必须做好应对准备，否则就可能面临不可预见的局部网络压力。

例如，72%的受访者认为，电动汽车的增速将远超为适应其发展而新建的电网容量的增速。欧洲受访者中持上述观点的甚至达到了85%，这也反映了迄今为止许多欧洲国家部署分布式发电的力度更强，且越是人口密集的城市，面临的挑战将越大。配电企业需要采取一些措施来管理电动汽车的负荷量，避免电网过载。它们有可能会限制充电和价格激励，但如果因过度使用而给客户带来不便，就有可能造成严重后果。

然而，无所作为同样会带来重大风险，危及配电业务的运营、声誉和合规性。这种不确定性可通过监管框架的演变来缓解，使网络能够更好地应对能源转型和其他风险。我们的调研显示，大多数受访者（80%）认为监管机构正在等待配电企业提出激励灵活性的创新模式。

打造数据驱动型智能能源系统

数据是未来能源系统的基石。配电企业将不可避免地部署更多数据密集型业务流程，以支持大量新能力（见图四）。受访者表示，他们优先提供灵活性的领域都集中于提高透明度，这是为配电系统运营提供灵活性的关键——电网的电力状态、消费者需求和产消者售电，以及并网资产。另一个优先领域是从并网产中获得灵活性。

图四 提高透明度可以转变配电业务的基本能力

规划和资产管理	灵活性和需求侧响应服务开发	系统操作	用户管理
• 需求、分布式发电输出、需求侧响应（DSR）、产消型分布式发电、电动汽车和空间供暖部署的详细预测 • 容量和辅助服务交付计划——灵活性与电网增容需求的定义与业务案例，并提供给第三方灵活性服务提供商，使他们能够规划自己的资产开发和服务提供战略 • 资产、分布式发电和电动汽车的综合视角，实现资产健康评估和维护需求（物理、位置和运营历史）	• 灵活性产品开发 • 灵活性和需求侧响应市场开发，包括平台开发 • 确定多个时间跨度（从年到分钟）的灵活性服务要求 • 向第三方（输电系统运营商、灵活性提供商、需量反应聚合商等）提供系统数据，支持市场和系统运营	• 实时准确测量网络物理参数以支持电网分析（潮流、状态估计、应急等） • 短期需求和分布式发电输出预测 • 增强电网自动化和控制力、自我修复和自主运营 • 分布式发电实时监测、控制和调度	• 根据对电网容量和需求概况的分析，支持为分布式发电和电动汽车充电桩制定更大范围的并网合同 • 通过剖析客户来支持需求、需求侧响应和部署预测 • 电能质量监测 • 断电识别和通知

但这种数字化转型将是渐进式的，看起来更像是演进，而非一蹴而就。在早期阶段，配电运营商将专注于那些最紧迫的需求。数字化战略将由这些需求决定，并因分布式能源部署水平、电网承载能力、行业结构和监管模式而有所不同。

随着能源转型的推进，我们需要一种全新的数字基础设施来支持主动电网管理。这意味着需要从根本上提高电力网络、互联分布式能源和消费者参与的透明度和控制力。通过埃森哲数字化电网研究，我们确定了支持配电企业数字化转型的四大领域（见图五）。

当务之急是付诸行动。全球每家配电企业各自的行动路径将取决于诸多因素，包括地区、行业结构、监管以及它们当前在能源转型进程中所处的阶段等。企业之间可以相互借鉴经验教训，从而加速全行业的转型。

图五 四大领域将助力配电企业数字化转型，以实现能源转型

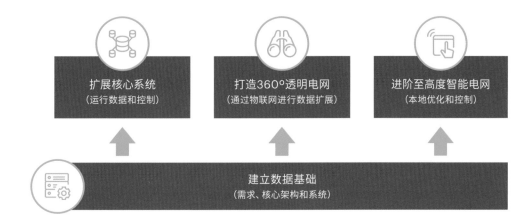

建立数据基础

作为基础部分，要充分利用现有数据，创建、升级支持能源转型发展所需的数据架构。其中一项需求是在配电发挥核心作用的生态系统中加强数据通信。要成功奠定这一基础，配电企业必须整合多种数据类型，拓展平台规模，将剧增的物联网数据纳入其中；保持高度灵活，以适应快速变化的新要求；确保包含核心运行及来自诸多第三方的需求；以及确保强大的网络通信。

扩展核心系统

第二个领域是扩展核心运营透明度和控制力，重点面向并网分布式发电以及有效集成所需的解决方案。许多配电企业在较低电压下的透明化和控制力有限，但能源转型对这两方面的要求较高。核心高级配电管理系统（ADMS）必须扩展到低压网络，主动管理分布式发电的增长、支持新的灵活性服务，并将分布式能源管理系统（DERMS）与现有电网管理解决方案进行集成。

打造360° 透明电网

第三个领域是通过部署物联网设备扩展数据范围。因为公用事业企业在将核心控制系统扩展到低电压的同时，还将使用非核心物联网网络提高更广泛系统（公用事业和非公用事业资产）的透明度。物联网设备和网关直接连接到云，有助于持续优化电网，特别是在改进灵活性服务、产消者的需求、提供预测以及提升资产透明度等方面。

进阶至高度智能电网

第四个领域是利用边缘计算、5G、数字孪生和平台，改进分布式智能和控制。这样可以近乎实时地优化本地资产，在负载侧协调分布式发电和需求响应。这些能力可能要按需部署，例如部署在虚拟电厂、微网和自主运营中，而不会遍及整个电网。

能源转型，"危""机"并存。配电企业要想制胜未来，转型刻不容缓。无论配电企业处于转型的哪一阶段，建立强大的数据基础都至关重要，创新思维与敏捷执行一以贯之，方能应对能源转型带来的挑战。

王靖
埃森哲大中华区董事总经理、公用事业行业主管

业务垂询：accenture.direct.apc@accenture.com

数字孪生：成就下一代制造系统架构

文 帕斯卡尔·布罗塞特、蒂亚戈·马丁斯、迈克·沃森、谢里·威廉姆斯

提要： 通过充分释放数据的价值，加快提升制造企业自适应运营的能力，数字孪生将补足现有制造系统功能，助力企业实现敏捷制造。

经过近十年实践，如今大多数制造企业对"工业4.0"已不再陌生。制造企业纷纷推出试点项目或灯塔工程，利用大数据、机器学习等人工智能技术，并通过预测性维护等数字化解决方案优化生产运营。[1]

然而，制造企业若想进一步提升敏捷响应能力，就不能浅尝辄止，而需进行规模化推广。这一过程往往会触及传统制造业系统架构的极限：一方面，它们通常围绕单一资产、单条生产线或者为维护单一职能而建，故容易成为职能孤岛，难以支持高价值的全面应用。另一方面，规模化推广高价值应用对企业筛选、处理和分析海量数据的能力也提出了更高的要求。

不少企业开始投资建设数据湖，将研发、生产、供应、销售、服务等环节的数据纳入其中。但这些努力远远不够，它们依然无法提供必要的结构化信息以提升端到端的响应能力。

因此，领先的制造企业越来越关注新一代数字孪生的应用与推广，并期望以最少的技术投资达到最佳的转型效果。了解关于数字孪生的三个主要问题将有助于企业加速向敏捷制造转型。

一、数字孪生何以颠覆系统架构

答案是通过场景化，让数据成为知识。

想象一下，当生产车间的一个传感器显示设备温度为24℃——这只是一个冰冷的数字，但当我们知道该传感器是否用于挤塑生产线、它所在设备用于生产何种配方产品，或了解其运行效率、质量追踪与温度的历史相关性如何时，数据的生命力就会被唤醒。

通常来说，这些必要的信息在任何部署良好的控制系统，如数据采集与监视控制系统（SCADA）或制造执行系统（MES）解决方案中都能被找到，并通过对相关数据进行配置，在传感器数据偏离定义阈值时发出警报。事实上，基于系统中储存的数据，SCADA或MES解决方案均可作为一种独立的数字孪生提供服务。但若想改进系统对流水线生产事件的响应能力，工程师（或未来算法）还需要进一步了解生产线的应用场景和背景信息，如生产线的维护历史和正在生产的产品版本等。此外，一些至关重要的维护信息也可能包含在非结构化的报告或图片当中。也正是这种高度异构的信息环境，对传统的孤岛式制造系统架构及其点对点的整合构成了挑战。

---

1. 埃森哲：《智能运营数字化转型竞赛》，https://www.accenture.com/_acnmedia/PDF-139/Accenture-The-Race-for-Digital-Operations-Transformation.pdf。

用数字孪生大幅提高生产运营的效率、减少材料浪费，并从订单到交付的各个环节支持员工进行实时决策。玛氏正将这一技术推广到产品研发，通过数字技术模拟气候、突发干扰和其他变量因素，强化从原产地到消费者的全链条追溯体系。

二、现有解决方案能否与数字孪生集成

答案是肯定的。

由于不受传统制造系统现有领域边界的限制，最新一代数字孪生能利用云平台和各种技术的力量和灵活性，助力制造企业从企业资源计划（ERP）、可编程逻辑控制器（PLC）、供应链以及分销等现有系统中捕获数据，并迅速有效地实现数据场景化。通过与现有系统并行部署最新一代数字孪生系统，并将这些系统中合适的数据输入至孪生系统，不但可以产生更高价值，而且无需将系统"推倒重建"。

图一就展示了将数字孪生设计为开放集成式平台的精简架构，其中包含核心平台内的三个"层级"：

（1）从不同的源系统获取数据，在边缘进行预处理，然后发送至云端进行集成和存储。

（2）数据场景化，就是将工程、信息技术（IT）和运营技术（OT）数据间的关系描述为灵活的、可规模化的图表，充分展示制造运营的复杂性。

（3）数字孪生平台通常可以提供基础模拟和分析功能，并为各种应用提供场景化数据，对象从简单的监控面板，到复杂的机器学习逻辑。

更重要的是，制造企业可基于用例部署数字孪生，从而在三到六个月内取得快速收效（具体视用例复杂程度而定）。与传统的试点方法相比，其本质区别在于，所有用例均使用相同的数据模型和基础设施，而无须创建新的数据库。并且，每个用例都不会产生额外的集成难题，反而可提升数字孪生的潜力，并实现指数级扩展。

然而，基于灵活且可扩展架构的数字孪生则能完成信息捕获和关系映射。数字孪生技术能将多个不同来源的数据汇集起来，进行统一和场景化的处理。它可以实现渐进式学习并捕捉隐性知识，从而提供关键的差异化优势：以工程师和操作员能够理解的方式存储和组织信息。也就是说，他们不必在解读信息时每次都依赖数据分析师，也无须开发新的应用程序来解决日常问题。借助数字孪生和低代码/无代码（LCNC）工具的强大组合能力，领先制造企业可为工艺流程和数据工程师创建一个安全空间，在其中合作开发优化运营的全新方法。

更重要的是，数字孪生并不局限于捕捉资产、生产线或工厂的配置和行为，它还能为各级架构嵌入优化逻辑，提供可规模化的模拟、预测性及适应性智能用例服务。

例如，玛氏（Mars）与微软和埃森哲合作，运

图一 将数字孪生设计为开放的集成式平台

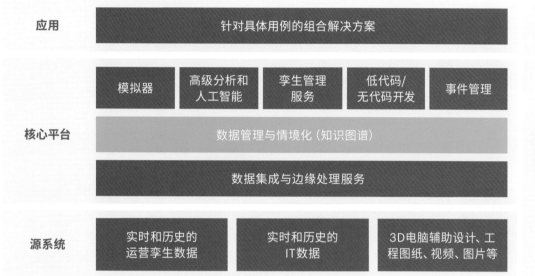

三、重新审视现有制造系统架构是否必要

答案是肯定的。

虽然制造企业的确可在不更换所有底层系统的情况下充分利用数字孪生，但受投资无序和专用组件的影响，繁冗复杂的制造架构往往会让企业发展举步维艰。因此在部署和推出数字孪生的同时，制造企业还需重新审视其现有制造架构。他们需要做好四个方面的工作：

（1）创建数据驱动的模块化方法和抽象层，从而实现架构精简化和标准化，而无须更换昂贵的现场设备；

（2）将具有较高价值的特定开发工作（如上游条件可能导致下游故障的情况）转移至孪生环境中，让数据和人工智能充分发挥作用；

（3）加强ERP和车间系统之间的"垂直"整合，建立强大高效的执行引擎；

（4）在共享数据或信息模型的基础上，逐步整合并优化孪生领域，遵守执行与优化并行的范式。

当下，消费市场需求变得更加碎片化，外部环境压力下供应链频繁波动，大规模、标准化生产带来的是过量库存，而不是利润。敏捷响应从需求到交付的变化，是工业4.0的核心诉求，也是当代制造企业应变于新的关键能力。如果企业能充分利用数字孪生技术，便可成功开启下一代制造系统架构的转型，提高生产效率、降低运营成本，提升从订单到交付的敏捷响应能力，从容应对需求碎片化与供应链波动的挑战。◼

帕斯卡尔·布罗塞特
埃森哲工业X业务董事总经理、制造执行系统服务北美区主管

蒂亚戈·马丁斯
埃森哲工业X业务资深总监

迈克·沃森
埃森哲工业X业务董事总经理

谢里·威廉姆斯
埃森哲工业X业务董事总经理

业务垂询：accenture.direct.apc@accenture.com

升级供应链，
突围电动汽车赛道

文 亚当·罗宾斯、保罗·沙利文

提要：快速的行业增长和不断变化的市场动态给电动汽车供应链不断施压，电动汽车企业需要迅速从流程和结构、组织以及技术入手，升级供应链，才能把握机遇，实现增长。

过去几年，电动汽车生产势头强劲，并有望在未来几年实现巨大飞跃。埃森哲最新报告指出，该市场预计将在未来10~15年取得飞速发展，并在5年内真正开始形成强劲发展势头（见图一）。

我们对这一增长的动力来源并不陌生：全球消费者越来越关注可持续发展和气候变化，各国政府也在积极推行目标宏大的环境议程。同时，随着电池技术的不断进步，电动汽车行驶里程不断提升，成本也在降低。据分析师预测，未来几年电池成本有望降至100美元/千瓦时以下，[1] 电动汽车将成为更多人经济适用的选择。

图一 全球电动汽车数量

整车厂必须快速行动，赢得市场中的早期多数消费者

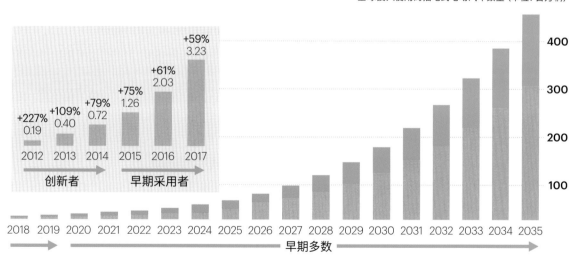

全球投入使用的插电式电动汽车数量（单位：百万辆）

■ 柱状图系基于MarkLines、EV Volumes网站、IEA、彭博社的数据绘制

资料来源：《电动汽车充电市场》，埃森哲内部知识库。

---

1. 《电动汽车电池价格在十年内暴跌89%》，https://oilprice.com/Energy/Energy-General/EV-Battery-Prices-Plunge-89-In-Ten-Years.html。

不过,快速的行业增长和不断变化的市场动态也给电动汽车供应链不断施压,市场竞争参与者面临着共性与特性兼具的挑战(见图二)。无论是老牌汽车制造"巨头",还是以科技公司起家的"造车新势力",包括汽车供应商在内,这些企业在未来几年的应对之道将在很大程度上决定谁将成为电动汽车制造、电池和充电市场的领导者。

巨头: 巨头在汽车生产、供应链和供应商管理方面业务已经非常成熟。但现在,他们需要平衡传统汽车和电动汽车的并行生产。这需要发展新的电动汽车电池和动力总成合作伙伴,同时维持与当前动力总成供应的关系。

造车新势力: 虽然他们掌握了电动汽车的核心技术,也打造了不断推陈出新的创新文化,但是他们需要从零开始,建立全新的供应链和供应基础,并建立合理结构来管理供应商及其绩效。而这些是巨头耗费几十年心血才得以建成的。

供应商: 要想实现长期经营,传统的内燃机动力总成供应商必须与时俱进,满足当前和未来内燃机和电动汽车相关产品的开发和生产需求。其中一种方法是将业务一分为二,一部分服务于传统的内燃机市场,另一部分则专注于迅速崛起的电动汽车或CASE(网联化、自动化、共享化、电动化)领域。例如,LG、松下和三星等公司并非传统意义上的汽车供应商,但是通过电池和电池技术成功进入行业,[2]壳牌和英国石油等传统能源企业也通过电动汽车充电设施建设进军该市场。[3]

图二 两类汽车制造商面临挑战各异

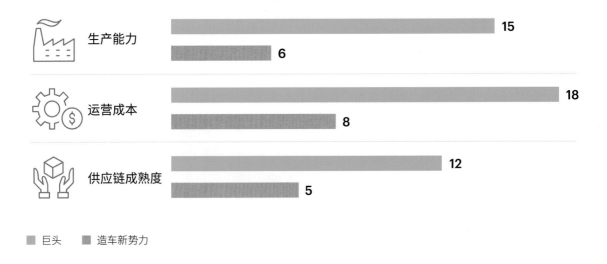

生产能力 15 / 6

运营成本 18 / 8

供应链成熟度 12 / 5

■ 巨头　　■ 造车新势力

2. Matt Bohlsen:《2019年五大锂离子电池制造商》,Seeking Alpha网站,2019年9月4日。

3. https://www.ft.com/content/aae913f4-632f-11e8-a39d-4df188287fff。

三方面入手全力应对挑战

毫无疑问，巨头、造车新势力和供应商面临大量供应链挑战。有些是三者共同面临的困境，有些则是各自需要解决的问题。

流程与结构

鉴于供应的不确定性，巨头和造车新势力必须押注于如何最大限度地确保持续供应以保证产能。企业要想真正创造价值，关键在于充分了解端到端供应链。企业如何从原型制造过渡到规模化生产？以下关键措施对三者意义重大：

确定新的合作供应商。转型期间，与原有供应商继续合作的同时，车企需要拓展新供应商。例如，生产传统内燃机动力汽车系统，整车厂需要制定一套完善有效的审核流程，在合作前审查新供应商及其技术，确保他们有能力完成交付任务。

制造或购买。致力于从原型车转向量产的造车新势力必须决定，是自主构建制造能力，还是通过合同制造商直接购买，传统造车巨头也面临是否应将现有内燃机生产线转换到电动汽车生产。两者兼存的模式似乎更受欢迎，即一边改变现有内燃机生产线，一边探索合作伙伴关系，以增强并提速产能。

重构供应商管理和风险指标。造车新势力在考虑设立供应商绩效计划时，应避免从传统整车厂那里直接"复制粘贴"。相反，他们应以此为契机，发挥创造性思维，调整与战略供应商的对话，改变整车厂对其管理方式。巨头也可以借鉴这一做法，谋求与供应商新的合作方式，更加贴近电动汽车供应链所需。

制定电池组组装和其他关键部件的本地化战略。电池制造分为三个主要方面：蓄电池、模组和电池组。理想情况下，从蓄电池到电池组的全生产过程都应尽量靠近整车厂的组装厂，尤其是电池组因为重量以及危险因素，其生产地通常需要靠近整车厂组装线。不过短期内情况不太可能改变，毕竟目前蓄电池制造主要集中在生产成本低且拥有最大电动汽车市场的亚洲。[4] 因此，巨头和造车新势力需要找到最具成本效益的方式来采购、运输和组装电池。

确保关键材料的持续供应。某些材料资源并不充沛，采购时也需要考虑工作场所安全、用工人道、环境可持续等因素。[5] 区块链技术的应用可以帮助企业提高合理采购此类材料的透明度，而新的或创造性的采购策略，如"照付不议"，可帮助确保整车厂必要材料的持续供应。

4. David Coffin and Jeff Horowitz：《电动汽车电池供应链》，载于《国际商业与经济杂志》，美国国际贸易委员会，2018年12月。
5. Ariel Cohen：《制造商正在努力为电动汽车提供电池》，载于《福布斯》，2020年3月25日。

锂离子电池并不是电动汽车市场的长久之计。开采和提取锂离子电池中的天然成分不仅会危害地球，引发对持续供应的切实担忧，地缘政治因素也可能会导致供应中断或征收极高的准入/采购费用。巨头和造车新势力一方面需要就近寻找材料来源，以降低较长供应链距离带来的风险，帮助管理运输成本。另一方面，企业也需要制定长期和短期战略来管理这些关键成分。短期解决方案的制订须谨记，锂离子电池将成为电动汽车的主要电力来源。每家企业需要制定获取材料以及运输、组装和淘汰电池的方式，并运营周转。长期战略需要加强供应链和工程之间的协调，以采购、设计并获取国家未来的电力来源。无论是开发固态电池还是替代方案，巨头和造车新势力都需要合作，确保他们的解决方案可让当今在用的锂离子电池既符合性能标准又具有成本效益。

环境可持续。巨头和造车新势力面临的另一个锂离子电池方面的挑战是如何安全回收并处理废电池。汽车制造商已采取应对之策，在工厂自建专门的电池回收处，同时积极与第三方建立合作伙伴关系以寻求支持。但这一流程主要依靠人工，耗时耗力。随着越来越多的电动汽车投入使用，发展废旧电池回收处理能力并保持成本效益变得愈发重要，其关键在于应用自动化技术。巨头和造车新势力都需要将此视为发展的优先事项，倘若忽略这一问题，人们会对企业的"绿色"标准产生怀疑。

组织

从制造原型车到规模化生产的转型，人才招聘方向将发生巨大转变。企业要开始思考哪些技能在传统汽车企业不那么重要，但却是电动汽车制造商所需的。当然，造车新势力和巨头对自身运营的顾虑既有交集，也各有侧重。

造车新势力需要打造有效的采购组织并为职能构建划定优先级。虽然可以从传统车企或供应商那里雇用采购并从中获益，但若将目光投向汽车行业

之外，在雇用采购人才时跳出思维定式，将为市场发展带来新机遇。此外，造车新势力通常从工程和设计开始，但很快就会转向构建重要业务职能部门来支持企业发展。在此期间，造车新势力需要认真思考从哪里开始，并反思传统汽车行业的职能和实践是否仍适用于电动汽车行业。

巨头需要确定如何调整现有供应链以支持电动汽车生产。 这是巨头制胜电动汽车市场的必修课之一。大多数巨头已经开始制定电动汽车生产的转型战略，但这些战略的完善程度各不相同。转型期间，巨头不仅需要知道如何留住人才，还要制定人才战略，规划学习路径，确保员工的再培训能够有效实施。

两者均应该明确电动汽车供应链中的特需技能，并将内燃机供应商转变为电动汽车新的关键部分。 在构建电动汽车供应链组织时，某些技能和背景会成为制胜筹码。当然，巨头和造车新势力也可以另辟蹊径，采取不同措施。例如，通过自动化部分后台职能来减少对某些技能的倚赖，定义最关键的品类管理专业知识，或参考其他物流发展模式对标电动汽车行业，获取关键技能指导。同时，在研究生产和运输新技术的早期阶段，采购和供应链团队必须将重点转移到供应链动态调整上。采购和供应链团队需要更好地掌握基于汽车模块的即时执行、危险材料管理以及全球和本地供应商管理实践。

提升了整个组织的可扩展性。造车新势力在发展组织方面具有很大的灵活性，他们应该考虑如何使用自动化，以及是否从一开始就将其置于核心位置。此外，数据和数据管理是电动汽车行业发展的核心，供应链数据对造车新势力的运营也起着关键作用。造车新势力应优先构建供应链技术生态系统，有机整合上游和下游活动。同时，还要采用高级分析技术提高运营和决策制定透明度。

三方都需要考虑应用区块链技术提高供应商级别可视性。 多年来，整合供应链一直是传统整车厂的一大挑战。通过与一级、二级、三级及以上供应商密切合作，将区块链概念引入新的电动汽车供应链，巨头和造车新势力可以全面洞察供应商质量、成本和交付绩效。区块链还可以支持整车厂密切关注供应商的环境、社会和治理实践，例如，确保其以可持续、合乎道德的方式采购材料。这也是各利益相关者的关注重点。[6]

毫无疑问，电动汽车行业正处于极速增长阶段，虽然这个行业充满挑战，但也蕴藏无限机遇。只要迅速采取应对之策，把握机遇，企业就能保持势能，在动态多变的市场里实现持续增长。◪

技术

技术是电动汽车战略的关键要素，将在新电动汽车供应链的设计中发挥核心作用。这一点对于造车新势力而言尤甚。

造车新势力应该探索如何将流程自动化应用于后台职能，并打造采购和供应链技术堆栈的全局视野。 实现后台自动化的企业已极大地提高了效率，并

亚当·罗宾斯
埃森哲战略供应链与运营高级总监

保罗·沙利文
埃森哲战略供应链与运营总监

业务垂询：accenture.direct.apc@accenture.com

6. Sean Szymkowski：《沃尔沃转向区块链检查电动汽车电池的可靠性》，Road Show，2019年11月6日。

东成西就：
中国社交电商出海指南

文 陈继东、陈珊、陈美杉

提要：社交电商打破了海外发展成熟且壁垒牢固的传统电商市场。对于领跑市场的中国社交电商平台方而言，借助数字力量，精准聚焦出海策略、轻量敏捷海外经营是打开海外市场、站稳脚跟、提升差异化竞争力的重要手段。

未来是社交电商的时代。

在平台商和品牌商获客、提量、建品牌等业务目标的驱使下，全球电商形态逐渐显现以内容驱动、体验驱动、圈层驱动的"社交+电商"属性。与传统电商相比，社交电商能够借助社交媒体既有流量更广泛、更精准地触达目标客群，同时通过更有趣的内容、更"懂我"的体验、更促进分享的圈层关系，实现以数据驱动的电商新玩法。

中国平台商则应在此趋势中紧握先机、布局全球。在面向东南亚新兴市场加速拓展的同时，尽早切入社交电商能力仍相对薄弱的欧美市场，以创新破局，引领全球电商升级。不过，中国企业首先需要厘清海外社交电商的生态体系，才能勾画有助于发挥中国企业天然优势的出海之策。

社交电商平台玩家更多元。海外市场中包含社媒平台、零售电商、广告/搜索平台以及DTC（Direct to Customer，品牌直接面对消费者）全球性品牌商在内的市场参与者，它们皆具备打造自身平台生态的差异化竞争实力。

消费者购买关注点差异化。信任问题是大多数海外消费者犹豫是否在社交电商平台购物的最主要原因，包括退换货权益、产品质量、个人数据隐私等方面。受不同地域文化影响，欧美消费者更注重产品性价比、喜好二手市场类交易；东南亚消费者则更希望平台能够帮助其评估并挖掘贴合自身喜好的好产品。

KOL更注重口碑和影响力。关键意见领袖（Key Opinion Leader, KOL）是消费者与平台、品牌间不可缺少的信任桥梁。超六成全球消费者表示，相比品牌自身广告更愿意相信KOL推荐。[1]海外KOL类型以影响者（Influencer，具有影响力的名人）与创作者（Creator，具有创意的内容创作者）为主。

品牌商家更独立。在独立站、App插件工具、第三方线上支付和仓储物流体系发展成熟的海外市场，海外品牌商更有可能选择自建DTC用户互动或电商渠道以构建私域流量。欧美国家品牌自建独立站、电商全渠道的市占率约18%~45%，远高于占比仅1%的中国市场。[2]

埃森哲的研究同时发现，受当地消费者行为习惯、基础设施、经济技术发展等因素影响，社交电商形态在不同的海外地区有所差别（见图一）。

中国企业应在海外既有生态中发挥自身特长、找准自身定位、明确业务方向，放大生态整合、用户体验、商业变现、品牌赋能等中国领跑实力。同时借海外合作伙伴之力打开市场，构建平台型多方合作、互惠共利，且能够针对各地市场之别快速进行本地化业务适配的海外社交电商生态体系（见图二）。

1. 爱德曼：《影响者的力量》，2019年，https://www.edelman.com/research/the-power-of-influencers。
2. 招商证券行业研究报告：《招商零售深度报告——海外独立站前景广阔，国内跨境电商厚积薄发（跨境电商系列深度二）》，2020年8月17日。

图一 不同国家的社交电商重点发展形态

美国	英国	中国	印度	巴西
虚拟拍卖	直播	品牌商家咨询/问答	虚拟拍卖	折扣团购
直播	社交平台支付窗口	分享定制化产品	品牌商家咨询/问答	购买成功推送
群聊	可购物帖子	订单转化数据分析	VR互动	聊天订购
App内订单查看	品牌商家真实身份验证	KOL推荐	KOL推荐	平台教育
聊天订购	精选商品推荐	精选商品推荐	精选商品推荐	可购物帖子
	虚拟拍卖	"在家试穿"虚拟购物		社交平台支付窗口
	群聊	线上商城		快速退换货
	第三方支付平台	聊天订购		精选商品推荐
	品牌商家咨询/问答			

社交领域
电商领域

图二 海外社交电商生态体系

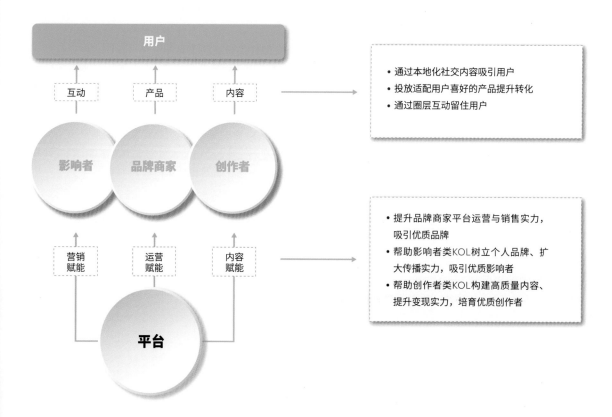

构建五大能力，立足海外市场

回顾已布局海外电商的国内企业，绝大多数通过收购、广告投放等方式成功引流获客，但面对欧美国家安全合规方面的监管制裁、东南亚市场受疫情影响而商品供应短缺，以及烧钱获客却用户难存等多种"水土不服"问题，鲜有企业获得可持续的规模化增长之利。

究其原因，埃森哲认为，在海外市场单纯复制中国模式难以获得良性单位经济效益。而体系化、精细化的海外平台经营能力才是直接影响社交电商规模经济效益与成本结构的关键原因——只有当海外运营支撑能力跟上业务扩张步伐时，中国企业才能更好地应对风险、留住用户。

对此，我们总结出GLOBE海外社交电商五大关键数字化能力建设模型，帮助中国出海企业实现可持续的海外业务增长与市场影响力。

Genuineness: 可信合规

世界各国皆对互联网电商提出明确监管之策，海外用户也愈发具备自身数据隐私安全保护意识，因此主动满足行业合规要求、明确符合商业与社会道德的业务准则，做到产品可信、平台可信以及内容可信，能够帮助中国企业规避海外营商风险、提升与用户和监管机构之间的信赖关系。

Logistics: 柔性供应链

仓储物流基础设施建设作为电商平台布局全球的核心成本，其规模效应将直接影响平台业务的可持续性。支持海外消费者随时随地下单并及时收货、确保全球供应体系的稳定性是出海企业的刚需能力，而速度和时效性则是首要考量要素。

在自建核心供应链管理能力的基础上，中国平台商可考虑与入驻品牌商家的既有供应网络或第三方物流资源合作，补充自身供应链下沉短板；同时基于大数据分析，建立以用户需求为中心的供需预测网络协同能力，并通过供应全链路信息可视化追踪生态合作模式下的订单履约情况。消费者分散、地形环境复杂且物流基础设施较落后的东南亚市场适合"自建供应网络＋第三方物流"合作模式，而仓储物流体系发展成熟且运营成本较高的欧美市场更适合商家生态合作模式。

同时，中国平台商可基于不同市场的业务策略及当地生态合作情况，采取国内直发、海外仓自发、品牌商家直发相结合的物流形式，形成多仓联动、多物流网络支撑的及时响应型仓储物流体系建设。

Key Opinion Leader: 达人管理

大多数中国企业缺乏对海外KOL的了解与合作渠道，因此找到受欢迎的KOL、帮助平台商家匹配合适的KOL、培育KOL成长带动平台影响力，是对平台提出的核心能力要求。

社交电商平台可通过构建端到端的全生命周期KOL管理体系，招募、培训、激励并赋能KOL在平台上扩大个人影响力的同时带货变现，并且帮助品牌商家对接更贴合品牌风格和产品特征的KOL资源，以此实现"KOL—品牌—平台"多方共赢局面（见图三）。

图三 海外KOL生命周期管理体系

Brand: 品牌赋能

在独立站与自建电商渠道盛行的海外市场,如何说服自带粉丝流量的优质品牌商家入驻平台存在挑战。同时业态多元的社交电商平台意味着品牌商家需具备矩阵式全方位的平台运营能力才能更好地玩转电商新模式,该能力可能涉及商家多个部门(如营销、销售、产品等),对传统品牌而言,更依赖平台端协助商家整合多部门力量、匹配具行业属性的平台运营解决方案。

数字化手段支持下的线上店铺管理,包括用户画像与行为分析、订单和库存实时管理、商家实体店库存数据直联等能力建设,能够帮助平台端更快速地提供标准化或定制化的商家解决方案,进一步提升平台生态壁垒(见图四)。

Experience: 体验营销

基于不同的市场策略、用户需求、地方文化、主打产品、主推品牌商家等业务目标,社交电商平台商需思考如何结合当地市场特征,打造适配当地用户喜好的差异化、本地化社交营销内容和互动方式,成功要素包括三个方面:①社交类内容的快速生产与全球复用能力;②吸引用户互动的地方化、个性化高质量社交内容;③帮助树立平台整体形象的规范化营销内容管理体系。

数字化能力作为社交电商平台商业模式的底层基础,可支撑平台从计划、设计、管理到发布以及评估这五项能力的建设(见图五)。

图四 海外品牌商家赋能管理体系

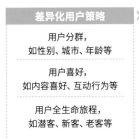

差异化用户策略 X	多元化内容形态 X	差异化触点定位 X	行业性产品组合
用户分群，如性别、城市、年龄等	内容形式，如直播、短视频、图文等	品牌渠道，如官方账号、经销/零售商账号等	新品上市
用户喜好，如内容喜好、互动行为等	内容主题，如促销、引流、品牌宣传等	广告合作渠道，如网红达人、明星代言人等	爆款产品带货
用户全生命旅程，如潜客、新客、老客等	投放场景，如时间点、是否结合平台活动等	跨界合作渠道，如生态合作伙伴等	老产品促销

社交电商平台赋能

海外用户数据分析

内容模板与投放指南

营销成效分析与优化建议

营销激励/奖励政策

X

第三方服务商代运营

地方市场洞察与用户策略

社交电商行业解决方案

全渠道、全触点品牌海外运营服务

海外行业与头部品牌商家合作资源

图五 海外社交电商内容生态管理体系

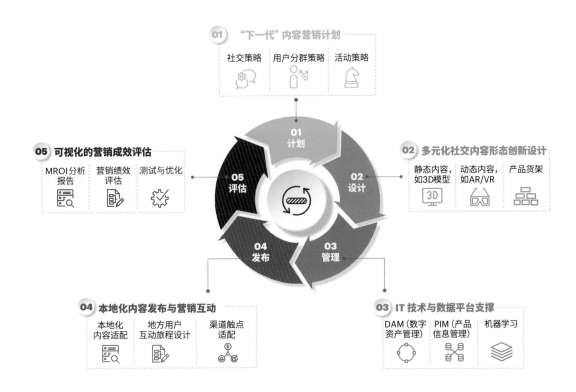

整装待发出征新"蓝海"

　　中国社交电商平台出海之路任重而道远，在出海策略明确的基础之上，本地化运营能力与全球化管理能力的部署将成为实现海外生存与增长的关键之举。海外社交电商能力的建设并非一蹴而就，可分为产品先出国门 (China for Global)、平台运营再出国门 (Local for Local)、无国门边界成为全球化企业 (Global for Global) 三个阶段，结合自身业务发展情况逐步完善健全 (见图六)。

图六 海外社交电商关键能力建设蓝图

G Genuineness	L Logistics		O KOL		B Brand		E Experience
安全合规	供应服务	其他支持	流量管理	培训赋能	财务支付	产品创新	互动体验
用户数据安全	供应网络与供需预测	用户支持	用户获取	用户注册	线上支付	平台技术创新	用户互动平台工具
真实身份验证	商品退换货管理	品牌商家支持	品牌商家合作	品牌商家入驻	品牌商家交易管理	商家赋能服务	品牌商家互动平台工具
内容审核	跨境物流管理		KOL合作	KOL全生命周期管理	KOL激励管理	商家-KOL连接平台	数字化内容营销管理
产品审核	全球仓储管理						KOL营销赋能
KOL信誉审核							

数字技术平台

AI智能语义识别	供需预测	智能化店铺/订单管理	消费链路可视化	自动化营销与精准推荐

■ 阶段一: 产品出国门　　■ 阶段二: 平台运营出国门　　■ 阶段三: 成为全球化企业

埃森哲"出海登机箱"服务

埃森哲具备丰富的全球市场业务资源网络，能够为中国企业指明出海方针，抑或是通过一系列成熟的海外运营服务陪伴企业出海与成长。通过提供"出海登机箱"服务，我们能够帮助具海外雄心的国内社交电商平台以小步快跑的模式，在平台能力评估的基础上快速识别并构建适配企业自身的出海必备核心能力，在当前全球格局下以轻资产投入、联合第三方运营的灵活方式及时补齐能力短板，逐步实现可持续的良性单位经济增长效益。

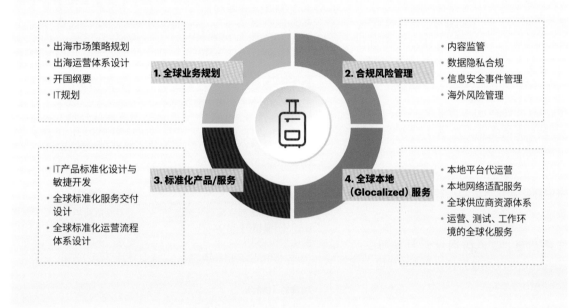

- 出海市场策略规划
- 出海运营体系设计
- 开国纲要
- IT规划

1. 全球业务规划

2. 合规风险管理

- 内容监管
- 数据隐私合规
- 信息安全事件管理
- 海外风险管理

- IT产品标准化设计与敏捷开发
- 全球标准化服务交付设计
- 全球标准化运营流程体系设计

3. 标准化产品/服务

4. 全球本地（Glocalized）服务

- 本地平台代运营
- 本地网络适配服务
- 全球供应商资源体系
- 运营、测试、工作环境的全球化服务

陈继东
埃森哲大中华区战略与咨询董事总经理
互联网与平台行业主管

陈珊
埃森哲大中华区战略与咨询董事总经理

陈美杉
埃森哲大中华区战略与咨询经理

业务垂询：accenture.direct.apc@accenture.com

关于埃森哲

埃森哲公司注册于爱尔兰，是一家全球领先的专业服务公司，在数字化、云计算与网络安全领域拥有全球领先的能力。凭借独特的业内经验与专业技能，以及翘楚全球的卓越技术中心和智能运营中心，我们为客户提供战略&咨询、技术服务、智能运营和Accenture Song等全方位服务，业务涵盖40多个行业，以及企业日常运营部门的各个职能。埃森哲是《财富》全球500强企业之一，目前拥有约71万名员工，服务于120多个国家的客户。我们秉承"科技融灵智，匠心承未来"的企业使命，致力于通过引领变革创造价值，为我们的客户、员工、股东、合作伙伴与整个社会创造美好未来。

埃森哲在中国市场开展业务35年，拥有一支约2万人的员工队伍。作为可信赖的数字化转型卓越伙伴，我们正在更创新地参与商业和技术生态圈的建设，帮助中国企业和政府把握数字化力量实现转型，提升全球竞争力。

详细信息，敬请访问埃森哲公司主页accenture.com以及埃森哲大中华区主页accenture.cn。

埃森哲在大中华区九个城市设有多家分公司 以下是主要办公室的联系方式：

埃森哲（上海）
上海市淮海中路381号
中环广场30层
邮编：200020
电话：(8621) 2305 3333
传真：(8621) 6386 9922

埃森哲（大连）
大连市软件园东路44号
邮编：116023
电话：(86411) 8214 7800
传真：(86411) 8498 3100

埃森哲（成都）
成都高新区天府大道中段1366号
天府软件园E5,9-10层
邮编：610041
电话：(8628) 6555 5000
传真：(8628) 6555 5288

埃森哲（杭州）
杭州市滨江区西兴街道阡陌路
459号B楼1301-1304室
邮编：310051
电话：(86571) 2883 4534

埃森哲（台北）
台北市敦化南路2段207号
远东大厦16层
电话：(8862) 8722 0151
传真：(8862) 8722 0152

埃森哲（北京）
北京市朝阳区东三环中路1号
环球金融中心西楼21层
邮编：100020
电话：(8610) 8595 8700
传真：(8610) 6563 0739

埃森哲（广州）
广州天河区天河北路898号
信源大厦13-14层
邮编：510898
电话：(8620) 3818 3333

埃森哲（深圳）
深圳市福田区华富路1018号
中航中心15楼06B-08
邮编：518031
电话：(86755) 8270 5268

埃森哲（香港）
香港鲗鱼涌华兰路18号太古坊港岛
东中心2楼、3楼、41楼4103-10室
电话：(852) 2249 2100/2388
传真：(852) 2489 0830